中国历史文化名城·名镇·名村丛书

中国名村·云南

云南驿

中国民间文艺家协会 组织编写

总主编 潘鲁生 邱运华 撰稿人 杨建伟

知识产权出版社
全国百佳图书出版单位

《中国历史文化名城·名镇·名村丛书》
总编委会

总顾问：冯骥才

总主编：潘鲁生　邱运华

执行总主编：诸敏刚

编　委：潘鲁生　邱运华　张志学　周燕屏　吕　军

　　　　　徐岫鹃　刘德伟　王润贵　汤腊冬

《中国名村·云南云南驿》

本书撰稿：杨建伟

本书摄影：杨伟林

英文翻译：何光云

积聚海量信息 寻觅科学路径（序一）

邱运华

　　传统村落保护是当下中国文化遗产保护工作中最重要的社会性课题之一。对于一个具有绵延五千年不间断农业文明的民族来说，传统村落能否得到妥善保护更是一个文明能否传承的关键问题。

　　传统村落保护是当代社会发展的普遍问题，不独中国社会存在，西方发达国家存在，东方发达国家也存在。从世界范围看，这是一个国家从欠发达到发达、从农业社会过渡到工业社会、从以农村为主体发展到城镇化生活方式过程中普遍存在的问题。有学者把中国农村经济结构改造、社群建设、新文化建设和整体民生改善工作这一进程，追溯到 20 世纪 50 年代。但我以为，它毕竟不是我们现在所处的整体转向工业化、城市化进程中遇到的课题。中国社会同一性质的乡村保护课题，起源还是世纪之交的 2003 年 2 月 18 日"中国民间文化遗产抢救工程"。到 2012 年 12 月 12 日，住房和城乡建设部、文化部、财政部联合发布《关于加强传统村落保护发展工作的指导意见》，2014 年 4 月 25 日，除上述三部外又增加了国家文物局，联合发布《关于切实加强中国传统村落保护的指导意见》，两次重申传统村落保护的联合行动。冯骥才先生在 2012 年的一篇文章里把传统村落保护提高到文明传承的高度，我认为非常正确。中国社会各界对传统乡村保护的问题，有着非常积极的呼应。

　　中国是发展中国家，但是在东部、南部和东南部区域看，具有发达国家的基本特征。农村人口从西部向东部、从村落向城镇转移，是 1990~2010 年之间最重要的社会现象，这一巨大的人口变迁集中表现为城镇人口急速膨胀、传统村落急速空心化，不少历史悠久的自然村落仅仅剩下老人和儿童。因此，传统村落的保护在中国面临的问题，与发达国家相比，具有共同性。例如，从"二战"后恢复到工业化时期，德国和日本先后进行的村落更新或改造项目，具有几个明显特征：一是以激发村落内部活力、发展农村经济作为前提，以改造农村基本生活设施作为基础展开；二是村落更新或再造项目以土地管理法令的再研究作为保障；三是建立了学术界论证、公布更新或再造规划、政府支持的财政额度及投入指向、个性化改造方案与村民意愿表达的有效沟通机制，确保有效保障村落历史文化、自然风景、公共空间与私人空间等要素。综合来看，先行的国家特别注重传统村落的"民间日常生活"保存问题。

所谓"民间日常生活"具体含义是什么？指传统村落村民群体的方言、交往方式、经济生产活动、衣食住行、生老病死、教育、节日活动、传统风俗、民间信仰活动以及区域性的传统手工艺活动等，以及上述种种的精神性、思想性、文化性、艺术性和物质性表现形态。长期以来，中国传统村落之所以成为民族文化的保留者和传承平台，核心在于保存着这个民间日常生活，它的内容和方式，在民间日常生活的基础上，方可承载不同样式、层次的民族文化。

之所以在这里提出"民间日常生活"作为传统村落的文化基础问题，乃是因为看到目前对待传统村落的两种观点具有相当的欺骗性，并不同程度地主宰和误导了传统村落的基本价值指向。一种是浪漫主义传统村落观，一种是商业主义传统村落观。浪漫主义传统村落观把传统村落理想化、浪漫化，仿佛传统村落是用来怀旧的，象征着一切美好的自然与人类的和谐，田园风光，日出而作，日落而息，男耕女织，像是《桃花源记》里的武陵源，"不知有汉，无论魏晋"。但是，这不是民间日常生活；民间日常生活还包含在落后生产力条件下的温饱之苦、辛劳之苦，是传统村落里百姓的生活常态；生产关系之阶级阶层压迫、政治强权和无权地位，以及在自然面前束手无策，在兵灾、匪患和种种欺男霸女面前的悲惨状态，甚至新中国成立以来出现的政治压迫、思想禁锢和社会

运动之灾，是乡村浪漫主义者无法想象的，而这，就是大多数传统村落的民间日常生活。文人雅士，在欣赏田园风光和依依炊烟之时，能否探入茅舍，去看看灶台、铁锅和橱柜，去看看大量农夫、农妇的身子，他们是否仍然饥饿、寒冷？或者他们的孩子是在劳作还是就学？商业主义传统村落观呢，则直接把传统村落改造成伪古典主义的模板，打造成千篇一律的青砖瓦房，虚构出一系列英雄史诗和骑士传奇，或者才子佳人和神异仙境的故事，两者相嫁接，转化为商业价值或者政绩价值，成为行政或市场兜售的噱头，这一行为成为当下传统村落"保护"的常态。这两种传统村落观，一个共同的特点是把村落与民间日常生活相割裂，抹杀了民间日常生活在传统村落里的价值基础，从而，也直接把世世代代生活于这一场景的村民们赶出村落，嫌他们碍事，妨碍了我们的浪漫主义和商业主义梦想；他们不在场，我们可以肆意妄为地文化狂欢。那些在民间日常生活中久存的精神性的、思想性的、文化性的、艺术性的符号，均不在话下。但是，假如村民不在场，社群活力不再，传统村落如何是活态的呢？西方哲学有一个时髦术语，叫做"主体缺失"，因为主体缺失，因而话语狂欢。

关注传统村落的村民，无疑是中国传统村落保护的第一要素。但恰好是人这第一要素构成了传统村落的凋敝和乡愁的产生。

1990~2010年之间二十年，随着一些区域传统村落里村民流动性的增强，特别是青壮年村民向东部、东南部和南部沿海地区季节性的流动，极大地影响了这些区域传统村落民间日常生活的展开，减弱了传统村落的社群活力，也相应削弱了传统文化活动的开展。这样，构成传统村落民间日常生活的内容慢慢演变成淡黄色、苍白色，成为一种模糊记忆，抑或转化为一年一度的春节狂欢，最后，演变定格成为日常性质的乡愁。民间日常生活不再完整地体现在现在乡村生活之中。那个完整的民间日常生活，在我们不得不离开它的土壤之后，便蜕变为乡愁。乡愁这只蝴

中国历史文化名城·名镇·名村丛书

3

蝶的卵，就是民间日常生活。而伴随着乡愁这只蝴蝶而出现的，却是一个个村落日常生活不断凋敝、慢慢消失。乡愁成为我们必须抓住的蝴蝶，否则，我们的家乡便消失在块垒和空气之中，我们千百年创造的文化便无所依凭。然而，据统计，在进入21世纪（2000年）时，我国自然村总数为363万个，到了2010年，仅仅过去十年，总数锐减为271万个。十年内减少约90万个自然村。若是按照这个速度发展下去，三年、五年之后，我们的传统村落便无踪无影了。也就是说，出生和成长在这些村落而现在散居在世界各地的人们，将无以寄托他们的乡愁。若是其中有的村落有几百年、上千年甚至更久远的历史呢？若是其中有的村落有着华夏一个独特姓氏、家族、信仰和其他各种人文景观等等呢？

越来越多的学者开始从事传统乡村保护的研究工作，例如《人民日报》2016年10月27日发表了"老宅、流转、新生"为题的介绍黄山市探索古民居保护新机制的文章，还配发了题为"古民居保护，避免'书生意气'"的评论；《中国文化报》2016年10月29日发表了题为"同乡村主人一起读懂文化传承"的文章，提出了"新乡村主义"的概念，在它的题目之下，包含有乡村治理、乡村重建和乡村产业化的多功能孵化等内容。为此，文章提出了"政府在制定政策方面、标准化编列预算、聘请专家团队和NGO组织，进行顶层设计、人才培养、产业孵化和公共服务"四项基本措施，还配发了"莫让古民居保护负重前行"的文章。《光明日报》2016年11月15日发表了题为"福建土堡：怎样在发展中留住乡愁"的报道，记叙了专家考察朱熹故乡福建三明尤溪土堡的过程，记者报道了残存的土堡现状，记录下专家们的意见：政府与社会资本合作的"PPP模式"，面对乡村人口日趋减少的不可逆现实，应该吸引城市中的人回到乡村，将土堡打造为"民宿"，在不破坏现有形制的前提下，实现功能更新。也有专家提出，就保护而言，首先应该考虑当地人，人的利益是优先的，只有做到长期发展而不是只顾短期利益，文化遗产保护事业才能够持续发展，等等。

上述建议，已经超越了简单的乡愁情怀，而诉诸国家土地法规、资金筹措模式、专家功能实现等层次。应该说，在越来越深入研究、讨论的基础上，对传统村落保护的思路越来越宽了，为政府制定传统村落保护法提供了良好的基础。在国家立法的基础上，国家、地方政府组织专家开展普查，确认传统村落的级别，分别实施不同层次的激活、保护、开发，才有坚实的基础。

我理解，通过专家学者的普查、认定，形成的结论一定会有利于政府形成健全完备的保护方案和具体操作措施，使仍然有社群活力的乡村，实施新农村建设规划，改善其经济机制、改建生活设施，改善村民的生活条件，把工作重点聚焦到提高农业产业框架基础、为居民提供更好的生活环境、增强村庄文化意识、保存农村聚落的特征；为有着特殊文化传承却逐渐凋敝，甚至失去社群活力的乡村，探索一套完善保护的工作模式，形成一种工作机制，并得到国家法规政策的支持和保障，包括土地规划、投资体制、严格的环境保护，建立严格的农民参与机制等，为保留故乡记忆、记住我们的乡愁，留下一系列艺术博物馆、乡村技艺宾馆，产生具有独特价值的"乡愁符号"。

作为"中国民间文化遗产抢救工程"的重要项目之一，《中国历史文化名城·名镇·名村丛书》正是通过众多专家学者和民间文艺工作者们辛勤的田野调查工作，在中国民协推动的"中国传统村落立档调查工程"所积聚的海量信息基础上，从多学科、多视角来反映当下古城古镇和传统村落现状，发掘传统文化的独有魅力，进而为保护和传承优秀传统文化积累鲜活的素材，汇拢丰富的经验并寻觅科学的路径。相信这套丛书的出版将对古城古镇和传统村落的保护发挥积极作用。

2017 年 3 月

（作者系中国民间文艺家协会分党组书记、驻会副主席）

关于大理"三名"（名城·名镇·名村）保护问题（序二）

赵寅松

　　自然遗产、文化遗产都是先人留下的不可再生的宝贵资源，后代子孙与我们享有同等的权利，这就是代际公平。将这份遗产尽可能完整地留给后代，是我们这一代人义不容辞的责任。中国是世界上文明诞生最早的国家之一，有几千年的文明史。中国各族人民以高度的智慧和创造力，创造了光辉灿烂的中国文化。城镇是一个国家、一个民族从不文明走向文明的标志之一。在四大文明古国中，中国是唯一文化没有断流的国家。我国众多的名城、名镇、名村就充分说明了这一点。分布在神州大地上星罗棋布的名城、名镇、名村既是物质文化，也是非物质文化。但是，毋庸讳言，在当前现代化、城镇化的过程中，很多历史文化名城、名镇、名村遭到了严重的破坏，有不少古村落的原貌已荡然无存，即使遗留下来一少部分，也都面临文物建筑被损毁、文化遗迹被侵蚀、传统文脉被割断、文物原生态环境被瓦解或乱开发的命运，许多珍贵的历史文化遗存一去不复返。这是一个十分严峻和亟待解决的问题。为了让广大读者更多更好地了解我国"三名"——名城、名镇、名村的遗物遗址、文物古迹、风景名胜、掌故传说和时代风貌，同时更好地保护它们，中国民间文艺家协会和知识产权出版社联袂推出中国民间文化遗产抢救工程——《中国历史文化名城·名镇·名村丛书》。这是一项功在当代，利在千秋的善举，值得关注。解读大理的历史，洱海东部宾川发现的白羊村新石器遗址，是云南迄今发现最早的新石器文化遗址，距今已有四千多年。出土文物说明，白羊村遗址是一个典型的以稻作农业为主的长期定居的村落遗址。剑川海门口文化遗址出土的夏代晚期青铜器开启了云南青铜文化的先河。在此基础上，汉置郡县，魏晋南北朝时期的"白子国"，唐初合六诏（有说八诏）为一，最终形成了包括云南全省以及川黔部分地区在内的，几乎与唐宋相伴始终，绵延五百多年的南诏、大理国。南诏、大理国政权的建立，结束了云南历史上部族纷争的混乱局面，将云南历史大大向前推进了一步，对中华民族的形成和伟大祖国的统一作出了重大贡献。历史因时间而悠远，文化靠积淀才厚重。悠久的历史成就了大理众多的文物古迹。大理历史文化名城、名镇、名村很多，本次只收录了其中的一部分。它们比较集中地展示了大理历史文化的精华。大理悠久的历史，厚重的文化，与大理得天独厚的区位优势息息相关。根据学者们研究，先于西北丝绸之路两百多年，在祖国西南也有一条重要的"丝绸之路"，即"蜀身毒道"。还有经大理达西藏的"茶马古道"，从大理到安宁南下出海的"步头路"，奠定了大理滇西交通枢纽的历史地位。今天，大理同样是同时拥有民航、铁路、高速公路因而四通八达的民族自治州。便捷的交通使大理能够广泛吸纳中外文化精华，故而人文蔚起，薪火相接，代有名流；里巷传仁德之懿，父老有述古之风，享有"文献名邦"的美誉。秀美的山川、灿烂的文化与悠久的历史相得益彰，无疑是建设幸福、美丽大理的根脉，也是大理吸引中外游客纷至沓来的魅力所在。靠文化扬名，提高品位；靠文化发展，一兴百兴。在这一点上，大理的经验值得借鉴。当前，保护"三名"已进入攻坚阶段，各级政府都纷纷出台保护办法，但还不够，必须加大宣传，增强人民群众对"三名"保护意识的自觉性。历史文化是人民创造的，也要人民来保护。正因为如此，我们便自告奋勇地承担了《中国历史文化名城·名镇·名村丛书》大理白族自治州 12 卷的编撰任务。近两年来，大理白族自治州白族文化研究院联合州级文化部门，在大理州委、州人民政府的大力支持下，团结和依靠热心文化事业的有识之士，群策群力，完成了编撰任务。参加本次编撰工作的既有年过七旬的学者，也有正当盛年、承担着繁重日常工作的中青年新秀，但他们都怀着对历史负责、为子孙谋福的崇高理念，攻坚克难，争分夺秒，或多次深入所承担的地区开展田野调查，走访熟悉地方历史文化的有关人士；或沉迷于史籍档案，考稽钩沉，运用文字和照片，将各城、镇、村的山川名胜、人文历史、文物古迹、文学艺术、民风民俗、风物特产真实地记录下来，最大限度地将各地文化精华展示给广大读者。同时，各卷密切联系实际，对名城、名镇、名村的保护提出了意见和建议。雄关漫道真如铁，而今迈步从头越。历史的辉煌值得自豪，更是留给每一个当代人的一份沉甸甸的责任，守望好这片热土，再创新的辉煌，在各自不同的岗位上，作出能够告慰先人、无愧后人的业绩，应该是每一个大理人不懈的追求。相信这套丛书能在大理各族人民建设幸福、美丽大理中进一步增强民族文化自觉，留住集体的文化记忆。

2013 年 3 月

中国民间
文化遗产
抢救工程
THE PROJECT TO CHINESE
FOLK CULTURAL HERITAGES

SOS

目录

中国名村·云南

云南驿

Contents

中国名村·云南
云南驿

祥云县是大理白族自治州的东大门。它东与楚雄彝族自治州南华县接壤，西与大理市隔山相望，北接宾川县，南连弥渡县，国土面积 2425 平方公里，人口 47.44 万人（2013 年），是汉族、白族、彝族、傈僳族、苗族、回族等各民族的美丽家园。

坐落在祥云县下川坝的国家级历史文化名村云南驿和大波那就像镶嵌在祥云坝子的两颗熠熠生辉的明珠。云南驿因其开启了"云南"一名的先河而名垂竹帛，大波那则因出土了罕见的战国铜棺享誉世界。

云南驿汉时开始置县，唐宋时成为以苍洱为中心的南诏、大理国的京畿地区，长年驻守着军队拱卫南诏、大理国的都城。元朝设云南行省，云南政治经济中心东移，云南驿的政治地位有所下降，但作为"蜀身毒道"和"茶马古道"的交通枢纽一直长盛不衰。明军入驻大理，先后在祥云祥城和宾川州城设洱海卫、大罗卫，常驻正规部队达万人以上，云南驿的战略地位再次下移。

抗日战争的爆发使云南驿又一次赢来了历史的荣耀。随着云南驿机场的建成和滇缅交通大动脉的开通，每天都有中美战机、运输机在云南驿机场呼啸起降，宁静的天空不断爆发着中美空军与日本侵略者的激战。滇缅公路上川流不息的运输车队不断将援华战略物资运往内地，同时又为中缅前线不断输送着给养，数十万中国远征军途经这里向前线开拔，用血肉之躯最先将日本侵略者逐出国门。

今天，随着交通工具的变更和高速公路的通达，大瑞铁路的即将建成，

云南驿

云南驿已经失去了马帮踏出的喧嚣和繁华。随着中国国力的增强，云南驿蔚蓝的天空再也不可能出现日本飞机的肆虐。但历史是不该忘记的，这片浸透着中美志士热血的英雄土地更不应该被人们遗忘。本书将引导您共同去寻觅那段尘封的历史，感悟云南驿历史的博大与厚重。

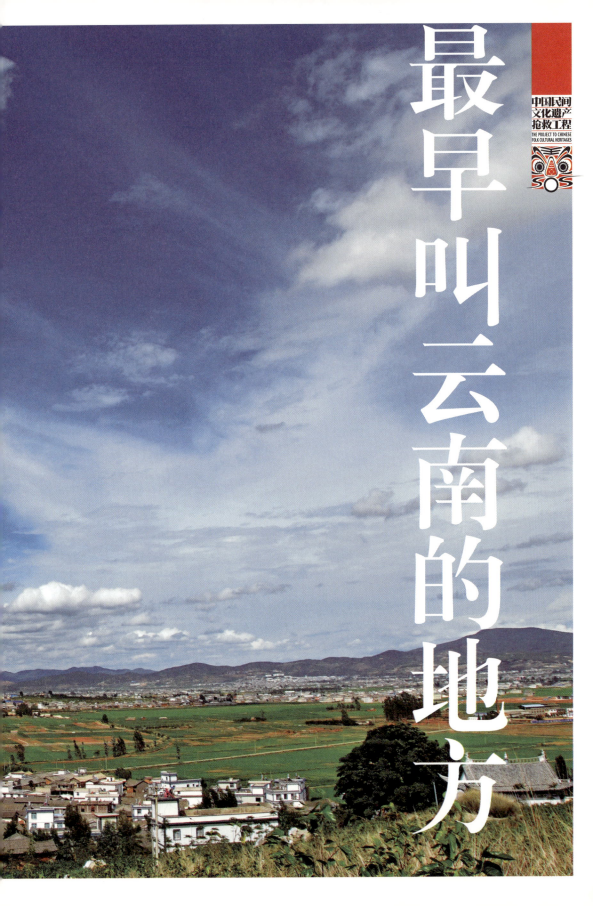

最早叫云南的地方

中国民间
文化遗产
抢救工程
THE PROJECT TO CHINESE
FOLK CULTURAL HERITAGES
SOS

沿着"蜀身毒道"的大致走向，从云南省会昆明一路经安楚、楚大高速公路西行，过楚雄、南华，穿越漫长的龙马箐，眼前豁然开朗地展现出一马平川，这就是最早叫云南的祥云下川坝，中国历史文化名村云南驿就坐落在白马寺下，楚大高速公路北侧。

村落大观

云南驿村位于云南省大理白族自治州祥云县云南驿镇北部，为云南驿镇下辖的行政村，有两个自然村，9 个村民小组，总人口 4588 人，总面积 3.8 平方公里，目前主要居民为汉族。村庄围绕白马寺山（又称凤凰山）沿昆畹公路两旁呈弧形分布，北紧邻 320 国道，南距昆瑞高速公路楚大段约一公里，西枕白马寺山，东连云南驿坝子。地处坝区，海拔 1980 米。距省会昆明 331 公里、州府驻地下关 66 公里、祥云县城 21 公里，离镇政府驻地 3 公里。

云南驿镇于 2005 年被列为云南省历史文化名镇。云南驿村于 2003 年被云南省人民政府公布为省级历史文化名村；2010 年 12 月，被住房和城乡建设部、国家文物局命名为第五批中国历史文化名村；2012 年 12 月，被国家住房和城乡建设部、文化部、财政部列入第一批中国传统村落名录。2013 年，国家文物局公布经国务院核定的第七批全国重点文物保护单位名单，祥云县云南驿古建筑群入列，成为全国重点文物保护单位之一。

云南驿在历史上长期作为政治中心和军事重镇，是郡、县、州、赕等治所驻地，诞生了美丽而神秘的"云南"一名；云南驿处于古今交通要冲，为"茶马古道"和"蜀身毒道"上的重要驿站，见证了许多重大的历史过往，演绎了马帮文化背景下悲欢离合的生活；云南驿是明清屯垦移民的主要地区，汇集并活跃着丰富的屯垦文化；进入 20 世纪，云南驿又成为世界反法西斯战争的重要基地和中国人民解放

战争的革命老区。作为"驼峰航线"上的重要节点、"飞虎队"的第二故乡，边纵八支队的活动地，这里燃烧起争取和平与正义的战火，这片红土地洒满英雄的热血，这片英雄的天空，写满英雄的壮志和传奇。如今，这里已成为滇西交通的咽喉，是通往滇西八地州的必经之地，是大理的东大门，已初步形成滇西交通枢纽和物资集散重地，成为西南地区连接东盟自贸区的桥梁。在祥云"四山、一城、一道、一洞、一湖"的旅游资源中，云南驿已具二山（水目山、天华山）、一道（云南驿古驿道），以其湖光山色的福地，满腔热情地迎送着八方来客。

1		
2	3	4

1. 云南驿村近景
2. 凤凰山下的云南驿村北
3. 凤凰山下的云南驿村南
4. 云南驿村古街

自然环境：
群山环抱的坝子

云南人习惯称高原褶皱中的盆地、平原、平地为坝子。祥云地处云南腹地的中西部，海拔在二千米左右，境内有广袤的平坝，是云南高原上第二大坝子。云南驿坝子，是祥云四个坝子之一，坐落在飞凤山、老鸦山、老青山、沐滂东岭、黑松林、天华山、天马山、白马寺山之间，山脉环抱围合，呈歪"S"形，两头阔，中间窄，长19公里，宽8公里，碧野田畴沿北东——南西向舒展地铺开来，就形成了面积133.7平方公里的云南驿坝。地势西南高、东北低，海拔1950～2000米。因处于祥云地势的下端，又称为下川坝。

在高原群山错结的地势中，一马平川的云南驿坝常给人豁然开朗的感受。13世纪末，元西台御史郭松年巡行大理，翻越雌岭进入大理境内，途经云南驿坝子时这样描述："……有甸焉，川原坦夷，山势回合，周二百余里，乃云南

州也。"这片广袤的温暖半干燥平坝区,土地平整,土质肥沃,适合种植水稻、玉米、小麦、豆类、烤烟、蚕桑等农作物,哺育着生活在这里的人们。

云南驿坝子,位于金沙江、元江与澜沧江分水岭上,源近流短,降水量少,水源缺乏,旧时曾有"小云南,三年两季荒,半夜挑水勾担响,火把节里插黄秧"的民谣。由于隆起的地理特征又缺乏水源,祥云坝子常常被称做倒扣在云南高原上的一个面盆。当代,随着青海湖水库的建设及其蓄水灌溉能力的提升,青海湖水一路蜿蜒北来,在马山峡谷谷口往南拐了一道弯,径直顺着中河注入云南驿坝子,中河贯穿云南驿坝子,又纳天马河、龙马箐、陡坡箐水源,自西南向东北汇入一泡江,最终奔向金沙江。灌溉条件的改善,也改变了人们的看法,现在人们更愿意说祥云坝子是一只硕大的碗,是自然赐予祥云人的"鱼米之乡"。

| 3 |
| 1 |
| 2 |

1. 群山环绕的下川坝
2. 金银山和凤凰山之间的云南驿
3. 云南驿平坝

汉建元三年（前138）张骞出使西域，在西域大夏（今阿富汗）看到蜀地出产的筇竹杖和蜀布，推测西域与蜀之间存在一条通道。元狩元年（前122）张骞自西域归来，说西域大夏等国"多奇物"，且"慕中国"，但"患匈奴隔其道"而不能与中国交通，建议汉武帝开发"西南夷"。汉武帝采纳张骞的建议，"指求蜀身毒国道"，通过征伐，加之"缯帛"、"币物"的招诱，开拓出从四川成都起，经云南至印度和中南半岛各国的"博南道"，又名"蜀身毒道"、"西南丝路"，经云南驿。元封二年（前109）汉武帝在今大理地区设置益州郡，下设叶榆（今大理）、云南（今祥云）等28县，云南驿为县治驻地。

东汉云南县属永昌郡地。

蜀汉建兴三年（225），诸葛亮为解除北伐中原后患，以图匡复汉室，举兵平定南中，设云南郡，迁永昌地区的濮民到云南、建宁两郡界内。云南驿为蜀国南中七郡之一，是云南郡治和云南县治的共同驻地，直至隋开皇三年（583）废云南郡止，云南驿为滇西北地区的政治、经济、文化中心长达358年。

唐武德四年（621）至天宝九年（750）的129年中，云南驿为西宗州与宗居县的州、县治同一驻地。唐天宝年间南诏王阁罗凤于云南驿筑云南城。贞元年间云南驿为南诏云南节度驻地，是云南城的鼎盛时期。盛唐开元年间（713～741），南诏在唐王朝的支持下，合六诏为一，统一了洱海地区。唐玄宗开元二十六年（738），唐朝册封皮逻阁为云南王，标志着南诏政权的正式建立。天宝七年（748），阁罗凤袭封"云南王"。南诏在云南驿一带设云南睑，睑是南诏的行政区划和建制单位，设置在洱海周围地区，前期

设六睑，后期设十睑，是南诏的政治、经济、文化中心和首府区。在今祥云境内即有两睑，云南睑在今云南驿，品澹睑在今祥云城区。阁罗凤时期（748～779）"设险防非，凭隘起坚城之固"，建云南城，有大军将统领，又称节度。大军将是南诏的最高军事长官，南诏前期设大军将12人，与南诏王和清平官共同商议国家大事。唐樊绰在《蛮书》中描述："云南城，天宝中阁罗凤所规置也。尝为信州地。城池郭邑皆如汉制。州中南北二十余里，东西四十五里。带邑及过山虽有三千余户，田畴多废，间里人少。诸葛亮分永昌东北置云南郡，斯即其故地也。……故渭北节度段子英，此州人也，故居坟墓，皆在云南。"

唐贞元十年（794），德宗皇帝在选派出使南诏官吏时，群臣"皆以云南遐远惮之，滋独不辞"，勇于受命。九月廿日，袁滋使团来到盐津石门关，这里地势险要，湍急的大

1
|
2

1. 明清以来清华洞崖壁上的石刻题记
2. 宋代渊公碑残件

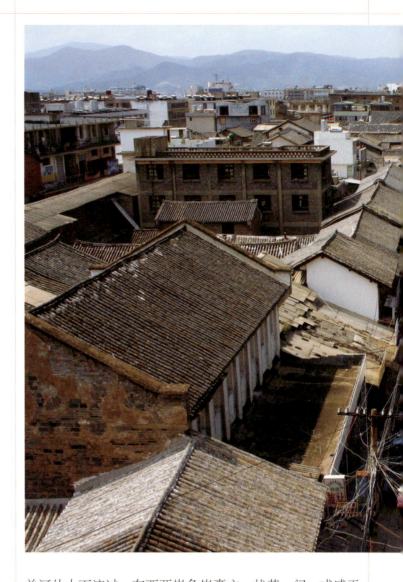

关河从山下流过，东西两岸危崖矗立，状若一门。或感于"艰危苦途穷"，而"刊石纪岁月"，在石关古道西侧岩壁上，刻下了著名的"袁滋题记摩崖石刻"。当唐德宗册南诏的专使祠部郎中兼御史中丞袁滋使团到了离云南城两天路程的欠舍川，云南节度便遣五十匹马前来迎接。十月二十三日，使团快到达云南城时，节度蒙酋物出动马军一百队、步军三百人夹道排立，带甲马十队引前，步枪五百人随后，出城十里迎候。城中父老二百余人，南诏与吐蕃结盟时的吐

明代新建的洱海卫城
（现在祥云县城）

蕃封王数人，沿路迎拜。这一天，南诏还派遣大军将兼户曹长王各苴赴云南城迎接。

唐宪宗元和元年（806）至元宪宗五年（1255）共449年期间，云南驿一直是南诏及大理国的云南赆治驻地，并设置有军事机构云南节度。

天宝年间，奸相杨国忠为贪边功，不恤兵士，大举不义之师北来，不幸二十万大军葬身苍洱之境，加速了大唐走向末路。天宝九年（750），阁罗凤在云南驿筑云南城，南

诏在贞元中设云南节度于云南城，元和元年（806）废云南节度，置云南赕于是处，至此，云南驿已成为南诏与唐对峙的重地和军事管理机构所在地。天宝战争之后，南诏统一了整个云南地区，这时的"云南"已包括了今天的整个云南地区。

有宋一代，鉴于唐南旧事，心存戒备，"玉斧"一挥，淡化了宋朝廷与大理国的交往，但民间频繁的贸易往来和文化交流却从未中断。杨佐作为宋朝的买马使者就曾投宿在云南驿，在其《云南买马记》中记下了在云南驿的片言只语。当时的云南驿是大理国首府直辖地，为云南赕，杨佐称之为"大云南驿"，且刻意记下了驿前里堠碑的内容："东至戎州（今宜宾，古僰道），西至身毒国（今印度），东南至交趾（今越南），东北至成都，北至大雪山，南至海上。"悉著其道里之详。大理马一度每年三四千匹浩浩荡荡经过云南驿，辗转北上，充实到宋军的兵营中。

至元十一年（1274）元帝国正式建立云南行省。至元十三年（1276）云南驿为云南州治驻地，是当时滇西第二大州治，至明洪武十五年（1382）降州为县止共 106 年。

明洪武十七年（1384）云南县治由云南驿迁往洱海卫城南（今祥城）。云南驿结束了从西汉元封二年（前109）以来，1493 年间作为行政管理机构县、郡、州、赕或军事管理机构节度所在地的历史。明代以后，云南驿的政治、经济、文化中心地位随着设治历史的结束而逐渐衰落。弘治二年（1489），云南驿作为"蜀身毒道"（又称"西南丝路"）上的交通驿站设过土驿丞。明朝为巩固统治，又从内地以军屯、民屯、商屯和流放罪人的形式，迁移大量的汉族人口到云南。现今云南驿人多为汉族。

1638年冬天的一个夜晚，徐霞客风尘仆仆来到这里，留宿一晚。第二天早饭后，往南循水目寺而去。之后，在其游记中记下了这个小镇的名字——"小云南驿"。这个"小"字，昭示着云南驿多多少少已比不得往日的繁华，也昭示着此外的"大云南"。

　　清代云南驿为站村里下辖的一个甲，并开设了集市，直至20世纪60年代集市才撤销。中华民国时期，云南驿为祥云县第三区下辖镇；1933年，为滇缅公路的交通站口；1944年，云南驿飞机场成为美驻滇航空38校训练基地，也是抗日战争时期"驼峰航线"的中转站，成为"飞虎队的驿站"。

　　云南驿曾因其通达的交通位置、地理环境和战略意义而忙碌了上千年，无怪乎清光绪《云南县志》的编纂者在陈述历代武备和戎事一节后，不无感慨地写道："……然则蜀汉置云南郡，明设澜沧道于此，岂无见哉！"1933年，320国道开通，经过云南驿，历史的车轮滚滚向前，时代发展到了以汽车轮丈量里程的时代。一些驿道闲置下来，进而荒芜。

1	
2	
3	
4	
5	6

1~5.祥云红土坡出土的铜畜像
（战国—西汉）

6.中华民国时期的祥云洱海卫城
（现在的县城）

"云南"名称诸说

"云南"，这个神秘而富有诗意的名字，从云南驿命名并使用至今，已经有2123年的历史了。关于"云南"名称的由来，有各种优美的传说。

武帝寻梦 传说二千一百多年前的一个晚上，汉武帝刘彻在金碧辉煌的未央宫里做了一个梦，看到南中升腾起漫天瑰丽的云彩。醒来后他觉得意犹未尽，就派遣使者去南中寻找梦中的景象。使者跋山涉水，终于在云南驿这个地方找到了武帝的梦境。于是汉王朝在它的行政体系中设置了云南县，县治设今云南驿。

彩云南现《南诏野史》记载："汉武帝元狩元年（前122），彩云见南中，云南之名始此。"云贵高原上的祥云坝子，是云南省第二大平坝。下川坝，也就是云南驿坝子，是祥云四个大坝子中的一个。查阅清朝康熙、乾隆、光绪诸种《云南县志》，在"祥异"条目下，惜墨如金的行文，郑重地记下这个坝子上空六次彩云升腾、竟日不散的瑰丽景象，并多情地把这种天象与王朝的兴盛和社会升平紧密地联系了起来，被看做是吉祥的征兆。大约在元至元二十三年至大德四年之间，即公元1286～1300年之间，西台御史郭松年巡行大理，以简练的文笔，在《大理行记》千余字中，记录云南一词的由来，"……有甸焉，川原坦夷，山势回合，周二百余里，乃云南州也。……旧名镜州，张乐进求时，州北龙兴和山忽五色云起，萧索轮囷，终日不散，人以为祥。州居云之南，故改今名。"

云山之南《华阳国志·南中志》《后汉书·郡国志·注补》记载，（云南）"县西北百数十里有山，众山之中特高大，状如扶风太乙，郁泉高峻，与云气相连结，因视之不见。其山固阴沍寒，虽五月盛暑不热"。有学者认为，鸡足山在

汉时称"云山"，县在云山之南，故名"云南"。

彩云南现

南边云下 元赵顺撰《爨古通纪浅述》记载，唐开元二十八年，南诏派遣张俭成赍白金百两和当归到京城长安朝贡，以表达南诏坚定归服唐朝的决心和愿望。长安的一座寺庙里刚刚铸成一口新钟，管事的告示新钟还未经测试，如果有人胆敢胡乱撞击一下，就将被罚金一两。张俭成不知道有这样的禁令，接连撞击大钟 28 下，使者便把他押赴朝廷问罪。唐玄宗鉴于张俭成是边远地方的人，并没有怪罪他，而是关切地问张俭成是哪里人？当时天空中飘着一片云彩，张俭成就回答唐玄宗说："臣在云之南。"唐玄宗就说，那么从今往后你的家乡就命名为"云南"吧。

在祥云，旅途中、街头巷尾、公交车上，常常能听到游客与本地人关于"云南"、"祥云"的问答，有时还有答问者之间认真的争论，不管怎样，祥云人都欣然接受这个富

有烂漫气质而寓意吉祥的名字，学者考镜源流，乡老娓娓讲述地方掌故，以各种方式延续着关于"云南"的历史记忆和理解。祥云的地标建筑——建于明代的洱海卫城钟鼓楼上赫然镌刻着"彩焕南云"大理石匾碧地金书，许多人家的照壁上喜欢题写"彩云南现"，"南观祥云"更是鸡足山金顶"四观"盛景之一。

古城遗踪

云南驿一带，为西汉元封二年（前109）设云南县县治，蜀汉建兴三年（225）至隋开皇十七年（597）为云南郡治驻地，唐武德七年（624）设云南州，贞观三年（629）置匡州，唐天宝年间南诏王阁罗凤置云南城，贞元年间，为南诏设置云南节度驻地，南诏、大理国时期的云南赕驻地，元为云南州驻地，明初仍为云南县驻地，直至明洪武十七年（1384）云南县治驻地移至今祥城。云南驿先后为滇西北政治、经济、军事、文化中心长达近一千五百年。代远年湮，到16世纪明代李元阳《过云南驿》的诗篇中，已是"断桥人揭厉，古垒成零丁"的景象了，历史上的建制设治鲜有痕迹。

据学者考证，今云南驿旧站村西仍残存土城埂一段，当为唐筑匡州故城遗址。唐贞观年间所置匡州，领勃弄、匡川二县。《云南县志》载："匡州故城，在云川旧站，唐置匡州、勃弄县，属云南州辖，又为匡川县即此，城基微存。"此外，今云南驿果城村残存东西向土城埂一段，被认为是云南州治所在地，且村名原为"古城村"，后音变为今名"果城村"。

此外，现存的汉云南令印，印文为"云南令印"，著录在罗福颐《汉印文字征》一书中，用笔平正，布白丰满，古朴浑厚，汉印风格明显。两汉时期的云南县在今云南驿一带，按《汉书·地理志》载，益州郡属县二十四，有云南县。《后汉书·郡国志》载，明帝永平十二年，分益州置永昌郡，云南隶焉。据此推断该印即云南县令之印。

1. 云南令印
2. 果城村
3. 云川旧站遗址
4. 云南驿旧站村西仍残存的土城埂

山川名胜

云南驿所在地下川坝山川秀美，历史悠久，多元文化荟萃，文物古迹众多，这里仅就与云南驿联系紧密的水目山、天华山等几座名山名寺作简要介绍。

水目山

　　水目山位于云南驿镇境内，海拔 2000～2627 米，距县城 20 公里。山势呈西北—东南走向，群峰嵯峨绵亘，外形极似一尊弥勒大佛结跏趺坐于云南驿平川原野之上。

　　清黄元治康熙《大理府志》卷五《云南县·山川》载："水目山，县南二十五里，上为水目寺、宝华寺、普贤寺、灵光寺，林木郁郁，万山如拱，自是胜地。"又卷二十七《寺观》云："水目寺，一名集善寺，在水目山麓，段氏时普济经始，洪武时，僧智圆成之。"水目山是云南开创较早的佛教圣地之一，始开发于大理国时期，开山始祖普济庆光禅师"以杖卓之，而清泉涌出，因名水目"。水目寺兴盛于宋元，延续于明清，鼎盛于清时期，僧众多达三千余人，一度成为滇西地区的佛教中心。水目寺有"铁树开花、枯井取木、风洞游仙、木狗守场、六祖仙踪"之传说。水目山经历代开发，依山建有九庵十八寺、水目寺塔和塔林。水目寺北岗塔林为历代高僧入寂之地，其塔群建筑规模及数量全国罕见。水目山是滇西较有名的佛教圣地。以寺、塔、塔林及自然景观构成的水目山风景区，为祥云县有名的风景名胜之一。

　　水目山历史悠久、名人辈出，有担当和尚受戒、徐霞客过访、林则徐专谒、吴三桂问道等历史遗迹。担当，云南晋宁人，本姓唐，名泰，字大来，号担当，法名普荷、通荷。年十三补弟子员，明天启以明经入对大廷，尝执贽于董思白之门，并为李本宁、陈眉公所重。回滇后，因中原寇盗蜂起，不满明末朝廷的腐败，出家为僧。初从无住禅师受戒结茅鸡足山，后又随同无住禅师到云隐寺开堂说法，住云鬏庵，晚年归居大理感通寺。担当一生工书画，与当时巍山隐士陈冀叔相友好，诗对往来，互相唱和。其诗集有《儵园集》《橛庵草》《拈花颂百首》等。徐霞客曾两次游历祥云，水目寺是徐霞客进入滇西后第一个歇足的古刹，他对寺中的古迹作了记录："旧寺有井，有大香樟，有木犬，有风井，有塔。""暮过观音阁，观《渊公碑》，乃天开十六年楚州赵佑撰者。"

据康熙《云南县志·祠祀志》载："水目寺，一名善集寺。段氏时杨普济经始，弘治二十七年，僧明寂、智圆成之。旧有白虎窝、黄龙木犬之异，至今遗有古迹尚存，传有贵客至，则木犬预吠。"水目山开创以来依山先后建有地藏寺、金龙寺、大堂寺、宝华寺、普贤寺、塔盘寺、常住寺、倒影寺、玉皇阁、金榜阁、观音阁和前塔、中塔、后塔。山中三塔鼎立，殿宇辉煌。

水目山在云南佛教史上占有重要地位，具有深厚的文化底蕴，文物古迹遗存丰富，自然景观与人文景观并重。塔林、碑刻和寺院具有很高的文物价值。水目山塔林共计 81 座，由北岗塔林、水目寺僧塔、宝华寺僧塔三部分组成，以北岗塔林的规模最大。北岗塔林位于水目寺北 500 米的山岗上，在东西长 268 米，南北宽 36 米的范围内，现存各类僧人墓塔 59 座，僧人墓葬 10 座。塔林约始建于大理国时期，一直延续至清代早期（13～17 世纪），为水目寺及水目山诸寺僧人的公共墓地。从北岗塔林的造型看，有亭阁式单檐方塔及覆钵式塔两种，通高 1.8～6.2 米不等。其中第 31 号塔为云南省惟一保存的亭阁式单檐方塔，从塔形、用砖及砌砖方法看，可以定为大理国时的建筑；其余均为覆钵式塔，分砖塔与石塔两种，其构造一般由塔刹、塔身、

3

1

2

1. 担当《闲息图》（明代）
2. 担当《草书》帖（明代）
3. 普贤寺碑记

须弥座和地宫四部分组成，以其造型优美、雕刻精细而著称。其中地宫为庋藏比丘、比丘尼骨灰罐的地方，因而这类塔一般又称和尚塔。地宫又可分单体与群体两种。据《水目山诸祖缘起碑》大理国净妙与皎渊圆寂后均葬于北岗。其余僧塔大多属明清时期的遗物。

水目山有多通重要碑刻。《水目山诸祖缘起碑记》共二通，均立于清康熙九年（1670），两碑载诸高僧大德的传略，是重要的佛教史料。阿标头陀碑刻于《水目山诸祖缘起碑记》碑阴，与碑阳同记水目山诸祖缘起事迹。水目寺还立有明天顺《水目寺碑铭》、明万历《重修水目寺记》、清康熙《无住如禅师塔铭》等重要碑刻，以及大理国天开十六年（1220）《渊公塔铭碑》残段，云南大学已经谢世的方国瑜教授对其评价很高，对研究大理国、水目山的历史和云南佛教史有

云南马

中—国—名—村—·—云—南—云—南—驿—

1 | 2
  | 3

1. 水目寺塔
2. 水目寺过殿
3. 塔林

着重要的价值。

　　1983 年 5 月，水目寺被祥云县政府公布为县级文物保护单位。

　　2006 年 5 月，水目寺塔被国务院公布为第六批全国重点文物保护单位。

云南马

天华山

天华山又名南华山，位于棕棚村南部，始建于明崇祯以前。北起棕棚天花山箐，南止大坡河，西接陈家山，东部隔箐与黑松林相望，山因高峻而得名。山体南突呈弧形，山顶为圆台形，近西北——东南走向，北坡平缓，南坡陡峭。山区长3公里，宽1.5公里，海拔1700～2279米，相对高差579米。

天华山原在石洞内建有寺庙，后毁于大火，仅存东石楼、西石楼，1983年5月30日，由祥云县人民政府公布为第一批县级重点文物保护单位。天华山为祥云名山之一，山势险峻，两峰对峙，崖壁峻峭，一溪从两壁中流过。传说诸葛亮曾在南壁山安营，因而取名诸葛寨。北壁山东西侧有东石楼、西石楼。古人有诗曰："元龙百尺任夷犹，哪似天生古石楼。鸟道有形登不易，虎踪时遇怕无由。栏杆

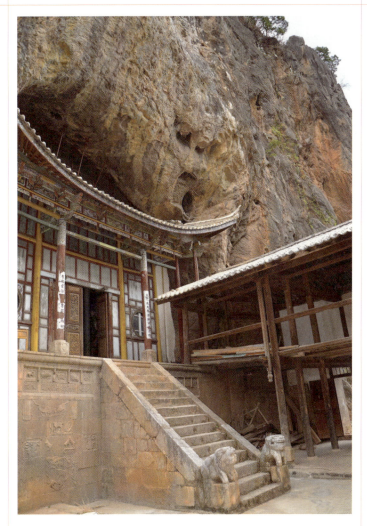

3
1 | 2

1. 天华山
2. 石龙倒挂
3. 大殿
（图 1~3 杨建伟 摄）

弯曲藤为架，户牖圮倾云自修。庄子何须悲混沌，凿开灵窍璞仍留。"在东石楼西侧有石龙倒挂，首尾鳞爪宛然如生，素有"石龙倒挂天华山"之美称。石龙下有天然洞穴，称三庵古佛洞，从上而下。上洞洞外建有单檐式的大殿，大殿前有品字形的六角亭，又称一殿挑三阁（一殿为雷坛殿，以此为中心向两边排开的是王母阁、玉皇阁和三教阁）。天华山是佛、道、儒三教合一的典型代表，三教阁内供奉着释迦牟尼、太上老君、孔子先师塑像。

下洞曾是原始人居住的洞穴，康熙《云南县志》载："明

P42~43

2
1 | 3
　 4

1. 六角亭
2. 摩崖题刻
3. 仙人脚印
4. 崇祯十二年题写的重修天华上下二庵碑记
（图 1~4 杨建伟 摄）

41
山川名胜

云南之谜

嘉靖年间葺祠得雷斧（石斧）大如扇。"下庵有楼，其上悬一巨匾，上书"听泉"。中庵洞内石乳滴水如珠，其乳头碧翠如玉，水落石如杯，洞内塑弥勒、伽蓝，从中庵下视万丈深渊，仰视山顶石龙倒挂爪牙生风，鳞甲宛然。上庵在洞内建楼，高者七层，多不用柱，盖架梁于石上。

　　天华山峻峭的崖壁上保留着较多的摩崖石刻。在通往中庵石阶之右崖壁上，有摩崖石刻两块，一块是清光绪年间所刻的《天华山八景诗碑》，另一块为《般若波罗蜜多经碑》。在中庵洞壁上有明崇祯年间所刻的《重修天华山中下二庵碑记》，记录了修复二庵的经过，为明崇祯十二年住持僧个顺等重修并刻石。另有清乾隆年间石刻《下庵碑记》。在中下庵路旁石壁上，镌刻有"云洱无双地，匡州第一山"的题字，字大一尺见方，作者为刘善溥。

　　神险奇秀的天华山有仙床云卧、石龙倒挂、石屋天窗、

石珠夜明、诸葛营寨、古洞三庵、悬崖滴玉、东西石楼等八景和豆大天、仙人脚印、石虎登山、石钟石鼓等四大奇观，是祥云县的主要风景名胜区。石龙倒挂位于上庵绝壁之上，是天华山最具特色的景观。绝壁之上的两条钟乳石，一大一小、一下一上形如两条飞龙倒挂。每年农历正月初九，当地群众都要举行石龙挂彩仪式，年轻的小伙子徒手附岩攀壁，把一条条红布挂在龙头上，以此祈求清吉平安，六畜兴旺，五谷丰登。

1 | 3
2 | 4

1. 观音诸神塑像群
2. 供奉的儒、释、道塑像
3. 如织的香客
4. 祈神
（图1~4 杨建伟 摄）

中国名村·云南云南驿

白马寺

白马寺坐落于云南驿村西凤山巅，坐西向东，歇山式建筑，三开间。白马寺龛台正中塑白马将军坐像，称为"坐地将军"。右边塑一文官（白马将军的秘书）；左边塑武官一人（白马将军的护卫），再左边塑财神。白马将军右边龛台上塑山神、土地。龛台下南北两边塑文武二判官。南侧还有一位是牵着一匹白马的将军，与龛台上的白马将军同为一人，这尊塑像是"出战时的白马将军像"。大殿龛台联云：将军通四海之财源，普沾吉庆；白马赐万民以福泽，永护盈丰。大殿大门联曰：万千劫危神圣无存目空古今；千百年故军马安在威镇匡州。白马寺北侧建有子孙殿，殿中的龛台上塑子孙娘娘像、三霄圣母像。后院是斗姆殿，塑斗姆像。

白马寺圣号：敕封白马将军护国佑民天尊座下。白马将军的诞辰是农历正月初四日。信奉的村庄有云南驿、左所、高官铺、水口村、北棚村等五大村。

白马寺住持香客（招呼寺里的香火人）说，白马将军是紫金皇帝的将领，南诏时随紫金皇帝退守云南驿的白坡头上，后兵败被杀。当地乡民后来建寺祭祀，白马将军的诞辰日期，到寺里赶会的人数达几万人。上山的道路人潮涌动，凉棚相接，参加庙会的香客有的求人口清吉平安，有的求早生贵子，有的生意人求财源广进，有的建了新房搬进新居向白马将军谢恩，有的求六畜兴旺，表文填"白马将军

永镇掌管六畜大神圣前"，祈求保佑六畜兴旺、牛马成群。过去小马驹出世，或者新购一匹骡马，或者马帮要出远门，都要在这里祭祀和聚会；如今，村人出远门前要到白马寺上香，祈求平安顺利。家中添置了农用车或是家庭轿车，也会到白马寺上香祈求出入平安。云南驿等五大村的村民，无论谁家生了小孩，满一百天之后，一定要到白马寺给白马将军和子孙娘娘叩头。结婚多年不育的妇女，也到白马寺给白马将军和子孙娘娘叩头，献鸡献饭，希望获得子嗣，人丁兴旺，保佑孩子快生快长。

白马寺前有四棵黄连头树，是四棵"神树"。凡是脚痛、眼痛的人，都要到大神树前烧香叩头，献鸡献饭，剪纸花

贴在树上，祈求大神树保佑，早日恢复健康。

　　没有白马寺前，人们最早举行的社稷是祭神树。建寺之后，主要是祭寺里的白马将军和子孙娘娘。云南驿在西汉时设过云南县，东汉时设过云南郡，唐、宋、元时置云南赕（州），历史悠久。古代居住在云南驿的居民有汉、白等族。1966年拆白马寺里的斗姆殿时，挖基石的过程中挖出一个火葬墓的经幢，八方形，上面满刻梵文，还雕有释迦像、大佛母像。这种在火葬罐上立经幢的坟墓，与在大理喜洲弘圭山发现的宋大理国至元、明时代的相同，证明云南驿一带从南诏、大理国时（唐、宋）起到元、明时期均有众多的白族居住，这里的本主信仰与大理相同。

紫金庙

紫金庙又名"紫金皇帝庙"，位于旧站村西北部的紫金山上，坐西朝东，建筑规模宏大。大门雕龙画凤，技艺精湛，大门过道上有戏台。大殿为歇山式建筑，架梁斗拱，三开间。大殿龛台正中塑紫金皇帝像、娘娘像，旁塑金童玉女。北侧一坛塑土地公公、山神，南侧一坛塑武财神、文财神像。大殿右耳房塑三霄娘娘和高、许、余、吕四帅像，南侧塑鸡、羊二姐像。大殿左边耳房为厨门。南厢房东面为漏阁，塑伽蓝土主像，整个建筑形式为传统的"四合五天井一漏阁"格局。大殿紫金皇帝塑像的龛台柱上联云：保民佑民常若降临昭左右；福我寿我永销氛秽靖东南。横匾书：恩光普照。大殿门联曰：在生作帝，殁后为神，万古千秋烟祀；爱于人民，维护四境，众民永享安康。横匾书：神威永镇。大殿坎柱联云：紫气凝大观，紫电青霜万载巍巍朝紫阙；金音奏帝所，金声玉振四境极极拜金容。信奉紫金皇帝的村寨有龙洞村、果城村、旧站村、季五营等村子。紫金皇帝诞辰是农历正月初二日，本主圣号"紫金皇帝福景娘娘有感之神"。新中国成立前每逢紫金皇帝诞辰，村民都要组织唱寿戏，一般唱三天，如果资金宽裕，有时唱七八天，让紫金皇帝与世人同欢，同时求紫金皇帝保佑全村清吉平安、人丁兴旺、五谷丰登。

紫金皇帝为何被旧站、果城等村供奉为本主，目前有两种传说。第一种传说说"紫金"为南诏之裔，归服中原，奉召西征，建有奇勋，官至封王，握有重兵，后因饷绌军乱，与白马将军同败绩，遂自尽于栗树下，乡民哀之。后在紫金山建庙祀之，从古至今，香火极盛。

另一种传说则说，明洪武年间，明太祖派傅友德、蓝玉、沐英率师入滇，云南王败走滇西，白马将军在前面开路。当时明军前堵后追，白马将军行至云南驿的白坡上后，回

报紫金皇帝说："开路的白马将军已行至白坡头，请速跟上军队。"紫金皇帝听见传报的士兵说白马将军的军队已到白坡头，以为是已走过百个坡头，这怎么能追上呢？他把云南驿的一个地点"白坡头"误认为已行了百个坡头，其实两地相隔仅两公里。他来不及问个明白，明军在后面追杀得紧，气急之下，就自尽在紫金山的棠梨树下。村人哀之，在山上建紫金庙祀之，被敕封为"紫金皇帝福景娘娘有感之神"。紫金庙对面戏台下立着一块民国六年（1917）《重修紫金山庙堂碑记》说："云川有紫金山，乡人立庙，奉祀紫金皇帝，香火极盛，历有年矣。……闻之父老流传，谓明代平滇，帝败走迤西，尽节于此山之棠梨树。"传说与碑刻是大致吻合的。

　　旧站村古代曾置匡州，果城村蒙段时设过云南州，建造过古城。附近山开荒种地曾挖出过白族的火葬墓，这些村庄古代曾有白族居住，信仰本主的习俗是和大理一致的。

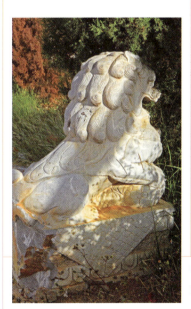

1
―
2

1. 紫金庙
2. 紫金庙前雕狮

中国名村·云南云南驿

梵文经幢及
神道碑残片

　　云南驿村委会小心翼翼地保存着一块梵文神道碑，它是早年由李传富会计在村后白马山发现的。在白马寺，还收藏着一通经幢，刻梵文，雕佛像。这些神秘文字曾引起乡老们无限猜测和演绎，在茶余饭后冲出许多壳子。经辨识，这是在佛教密宗盛行的时代立在逝者墓前的，神道碑和经幢上通常刻梵文的佛顶尊胜陀罗尼神咒，或是往生神咒等，是超度逝者的灵魂往生极乐。它的年代至迟也在清代以前。而这种古梵文，在它的故乡印度也早已绝迹了，更没人能够识读。

1 | 2
1. 梵文碑残件
2. 梵文经幢

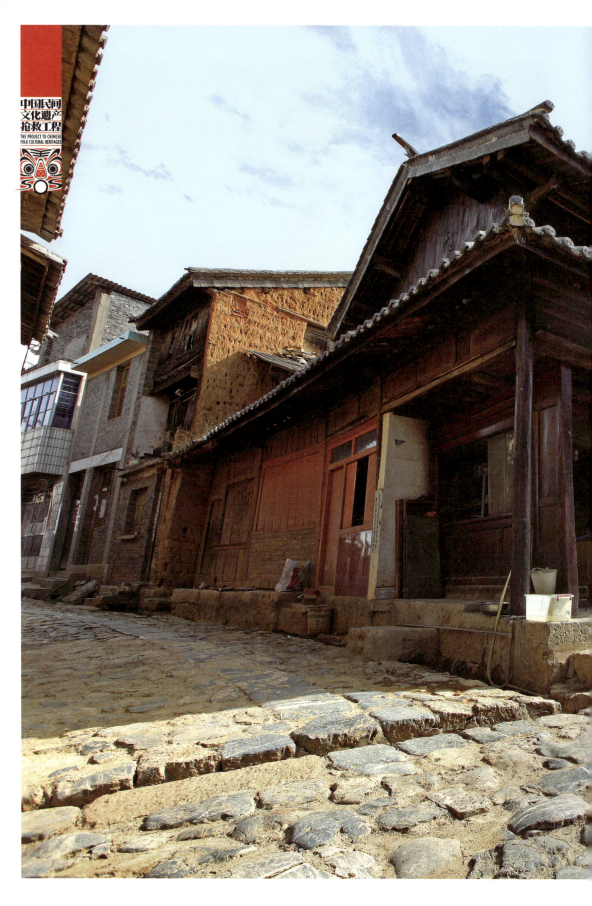

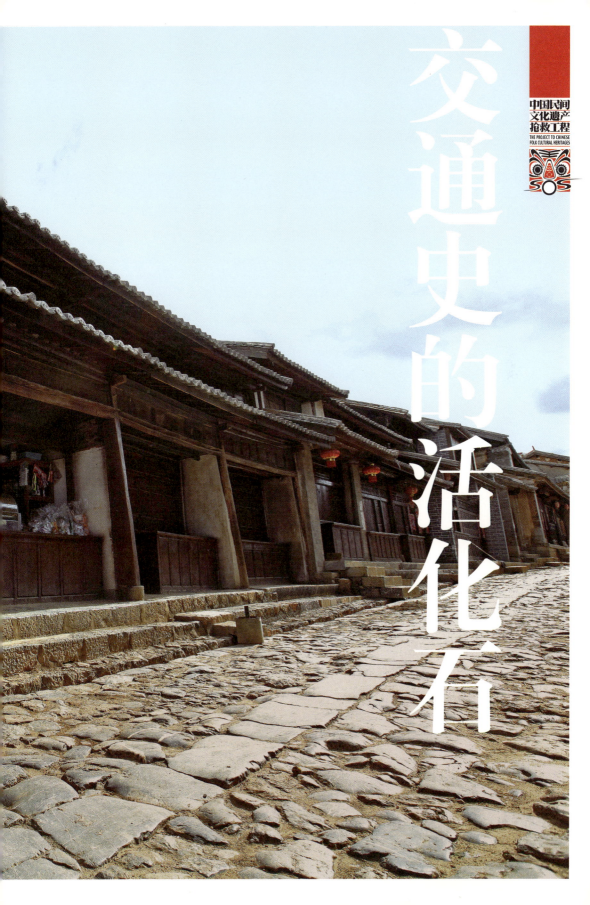

交通史的活化石

"蜀身毒道"是一条从四川经大理通往印度及中亚的民间商道。其中五尺道也称东路，是从成都经乐山、宜宾、昭通、曲靖、昆明、楚雄到大理。而从大理经永平、保山、腾冲到缅甸、印度一段称博南道。"茶马古道"则是滇、川、藏进行商业贸易和文化交流的通道，东路从大理往东经楚雄到昆明，云南驿正好处在两条古道要冲。

古道沧桑

　　云南驿是"蜀身毒道"（中国古代西南丝绸之路）和"茶马古道"上的交通枢纽和重要驿站，是历代内地通往滇西、滇东及东南亚诸国的要塞。

　　"蜀身毒道"由灵关道、僰道和博南道组成。灵关道由蜀（成都）经临邛（邛崃）、灵关（芦山）、筰都（汉源）、邛都（西昌）、青蛉（大姚）至大勃弄（祥云）、叶榆（大理）；僰道由蜀（成都）经僰道（宜宾）、朱提（昭通）、味县（曲靖）、滇（昆明）、安宁、楚雄到叶榆。二道在云南驿汇合，之后称为博南道。博南道从云南驿经叶榆（大理）、博南山、

永昌（保山）、腾越（腾冲）后可达缅甸、印度、阿富汗等地。古代时期，这条道路是沟通川、滇、缅、印交通贸易的主要通道，历代中国封建王朝对它都比较重视。

"茶马古道"是云南、四川、西藏之间的古代贸易通道，由于是用川、滇的茶叶与西藏的马匹、药材交易，以马帮运输，所以称做"茶马古道"。"茶马古道"连接川、滇、藏，延伸入不丹、锡金、尼泊尔、印度境内，直抵西亚、西非红海岸。通过这条古道，中国的丝绸、茶叶、瓷器等远销缅甸、印度、不丹、锡金、尼泊尔和阿拉伯国家等，这些国家和地区的玛瑙、象牙和珠宝又被贩运到中国。

云南驿与昆明、楚雄、姚安相连，西接临沧，北邻大理。

2	3
1	4

1.古城洞
2~3.指路碑
4.茶马古道图

来自昆明、楚雄、临沧等地的货物，经过云南驿进入大理，从大理往北，进入洱源、剑川、丽江、香格里拉、德钦、邦达、芒康、昂多、阿孜、王卡、昌都、类乌齐、边坝、墨竹，进入拉萨，从拉萨往南经曲水、江孜，进入不丹、印度、孟加拉等国；往西北经日喀则、拉孜、普兰等大部分藏区；从拉孜往东进入尼泊尔；从大理往西入保山、德宏，进入东南亚诸国。

藏民主要居住在高海拔、高寒、干燥、缺氧地区，以糌粑和牛羊肉为主食，缺少蔬菜。而茶叶中富含叶绿素、维

古道沧桑

生素、微量元素、单宁酸及茶碱等成分，具有清热解毒、润燥利尿等功效，可弥补其膳食结构不足，正如明谈修在《滴露漫录》中所言："以其腥肉之食，非茶不消；青稞之热，非茶不解。"临沧是云南主要产茶区之一，产量高，茶质优，是入藏滇茶的主要来源。马帮在临沧装满茶叶，在昆明、楚雄等地装满食盐、布匹、药材、瓷器等物品，往北进入云南驿，在云南驿歇息停顿后，北走大理，沿着"茶马古道"走向目的地。马帮在藏区装满黄金、卡垫、羊毛、麝香、虫草、贝母、大黄等药材沿着古道返回。

滇缅公路

滇缅公路，又称昆畹公路、史迪威公路，即今320国道。滇缅公路（昆明至中缅边境畹町）全长959.4公里，被喻为抗日战争的"输血线"和生命线。

1937年"七七"卢沟桥事变后，日本帝国主义发动了妄图灭亡中国的全面侵华战争。随着战局的急剧变化，我国沿海港埠相续沦陷。为了打破日本帝国主义的野蛮封锁，国民政府动员一切力量，抢修具有重要战略地位的滇缅公路。

滇缅公路自东向西贯穿祥云县境内72公里，过境线路长，施工任务重，限令时间紧，修筑困难多。在祥云有一首民谣："修筑滇缅路，户户有任务；自带粮和被，轮换不违误。劈山架桥梁，筑路搞运输；抵抗小日本，不当亡国奴。"显示出祥云人民为开辟滇缅通道，抗击日本侵略者的豪迈气概和奉献精神。

参加筑路的民工以保为排，以甲或自然村为棚（棚户），分别由一名能力较强的村民负责，带领民工上阵修筑滇缅公路。出工修路的农户以十天为一期，期满轮换下一批上阵，自带口粮，自带被席，自带工具，自搭窝铺，身穿本地手工纺织、染制的土布衣，脚穿草鞋，头戴草帽，睡草垫，吃粗粮，嚼野菜，喝冷水，吸旱烟，顶烈日、冒严霜，披星戴月，风餐露宿，夜以继日地苦战在筑路工地上。祥云筑路民工以无比的忍耐力，惊人的毅力，与沿线二十多个县的各族民工，

用铁锄挖，用肩挑，用钎撬，用大锤敲，用手搬，用錾子錾，用人工抬，用石夯压等近乎原始的施工方法，与困难、岩石、山洪、野兽、疟疾等作斗争，仅用了十个月左右时间，新修公路（西段）近五百五十公里，改建改善路面（东段）四百多公里。

在修筑滇缅公路的伟大工程中，当时总人口不足十二万人的祥云县，累计投工近一百二十万个，户均投工四十个以上。

滇缅公路通车后，西连缅甸仰光港，由仰光出海可通全球，东接滇黔公路，连接战时陪都重庆并可通向全国各地，成为横贯云南乃至西南地区的重要国道。滇越铁路中断后，滇缅公路成为我国唯一的一条出海的国际通道，并且成为抗日战争的"输血线"和生命线，数十万吨战略物资就是从这条用人民的血汗筑成的公路，源源不断地从国外运入国内，为抗击日本帝国主义的疯狂侵略发挥了重要作用。

	2
	3
1	

1. 参加修筑滇缅公路的云南驿村民
2. 惠通桥
3. 著名的史迪威公路
（图片 1~3 均由"二战"中印缅战区交通史纪念馆供图）

驼峰航线

驼峰航线示意图

中国 CHINA

喜马拉雅山 HIMALAYAS
萨地亚 CHAPUA
丁江 DINJAN
葡萄
中甸 ZHONGDIAN
重庆 CHONGQING
泸州 LUZHOU
宜宾 YIBING
沾益 ZHANYI
西昌 XICHANG
陆良 LULIANG
羊街 YANGJIE
昆明 KUNMING

印度 INDIA
密支那 MYTTKYNA
腾冲 TENGCHENG
保山 BAOSHAN
楚雄 CHUXONG
呈贡 CHENGGONG
蒙自 MENGGONG

缅甸 BURMA
越南 VIETNAM

1942年，日军占领缅甸并侵入我国云南，未被日军占领地区运输战略物资的"最后一条陆路输血线"滇缅公路被切断。从1942年5月到1945年9月，中美两国在抗击日本军国主义侵略的斗争中，共同开辟了由印度汀江和阿萨姆邦飞越喜马拉雅山脉，到中国云南昆明、四川重庆等地的空中国际运输线。驼峰航线西起印度阿萨姆邦，向东横跨喜马拉雅山脉、高黎贡山、横断山脉和萨尔温江、怒江、澜沧江、金沙江，进入中国云南和四川，航线全长五百英里。在从印度经缅甸到昆明的航线上，山峰连绵起伏，有如驼峰，因而被称为"驼峰航线"。未标明海拔高度的山峰、难以预料的雷暴以及日机的出没，对运输构成了巨大的威胁。"驼峰航线"是世界航空史和军事史上最为艰险的空中战略运输线。飞机失事率高得惊人，因此它又被称为"死亡航线"。在三年多的时间里，通过"驼峰航线"，共有736374吨物资、人员33477人运进了中国。但同时也损失了468架运输机，有1579名美国飞行员为此捐躯。

云南驿机场是驼峰航线上的重要中转站。当时机场上每天起落的C-46运输机有七十架次以上。

1 | 2
3
4

1. 驼峰航线示意图
2. 飞越喜马拉雅山
3. 驼峰坠机
4. 中美混合大队的飞行员合影

（图片1~4均由"二战"中印缅战区交通史纪念馆供图）

"二战"中印缅战区交通史纪念馆

2004年6月，云南驿村和海棠旅行社将郭家大院开发为旅游景点，建成"二战中印缅战区交通史纪念馆"。

纪念馆位于云南驿古道中段东端，隔古道与"云南马帮文化博物馆"相望。抗战时期曾用作盟军的一个指挥部，后来长期为云南驿村公所使用，当地人称为大马店北院。为土木结构两层一进四合院，开间与进深分别在12米和30米左右，占地面积339平方米，馆内两侧厢房展示着当年修建滇缅公路、修建旧站飞机场的历史图片，美国空军莫尼中尉相关照片、资料，以及飞虎队与当地村民友好相处的历史图片。大厅内展示着云南驿老飞机场的沙盘地形图和"驼峰航线"飞行图，楼上展示抗日战争中美国空军飞虎队在云南驿机场飞行和战斗的历史图片，飞虎队飞机飞越驼峰航线时坠机的惨烈画面，等等。

纪念馆还陈列飞虎队钢盔、手摇发电机、电话机、钢丝床、水壶、口缸等战斗物品和来自大洋彼岸的生活用品实物。这些实物多为云南驿居民精心保存下来，多数完好如初，手摇发电机、电话机等至今仍可使用。

整个展馆有图片七十多件，实物五十多件。这些黑白泛黄的历史照片和在历史光环下熠熠生辉的实物，讲述着"二战"期间发生在这条交通线上的史实，鲜活展示了祥云人民修筑滇缅公路、云南驿机场的艰辛场面，展示了日机狂轰滥炸云南驿机场的兽行，展示了无辜群众在炮火下的悲惨景象，和飞虎队队员抗击日寇的英勇壮举，也铭记了飞虎队与中国军民、云南驿居民的国际友谊，彰显了全世界人民对和平的热望以及正义必将战胜邪恶的真理。

如今，中印缅战区交通史纪念馆被列为"祥云县爱国主义教育基地"。

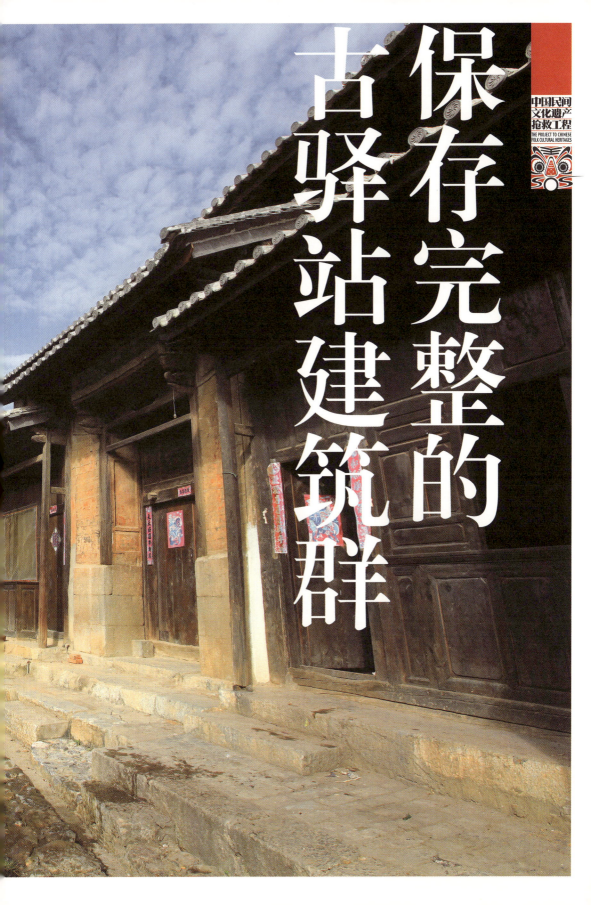

保存完整的古驿站建筑群

中国民间文化遗产抢救工程
THE PROJECT TO CHINESE
FOLK CULTURAL HERITAGES
SOS

云南驿是马帮走出来的。今天，随着交通工具的改变，马帮已成为历史。伴随着马帮逐渐退出历史舞台，云南驿也失去了昔日的繁华，但坐落在云南驿古道两旁的古朴又不失精美的建筑群依然无言地向人们述说着云南驿那段难忘的岁月。

　　驿站（岑公祠）位于古驿道北侧，坐北向南，原有三进院落，前面一进为一个大院，中院为两个并列的小院，后院为货物仓库。现存中院两殿为清代建筑，两殿并列南向、三楹、单檐歇山顶台梁式木结构建筑。清咸丰、同治年间，立云南巡抚岑毓英生祠于驿站，由此改称岑公祠。驿站（岑公祠）在历史上为往来云南驿官员的驻地。1942 年，作为"驼峰航线"的补给站和航空学校教员住地。现为云南驿小学使用。2013 年重修。

　　古驿道　现存两条。一条为东西走向主道，长约一千多米，宽约六米。另一条南北走向，与主道呈丁字形结构，在中部与主道交汇，长约五百米，宽约六米。古道路面两

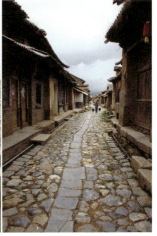

侧均用不规整的石灰石铺砌，路面中间选用较规整的长方形石板铺砌，俗称引马石。驿道经过马帮长期的过往，留下了深深浅浅的马蹄印，为那段马帮繁华喧嚣的历史时光做了最恰当的注脚。

大马店 位于古驿道南侧，隔古道与岑公祠相望，坐南向北，现保存较好。为宽约十米，长约五十四米的一个三

	2 3
1	4

1. 岑公祠
2. 古驿道
3. 贯通东西的主街道
4. 大马店第一院落

进院木结构建筑，一层临街为商铺，院内一层左侧与二层住人，一层右侧为马厩和货物仓房。门分正门和侧门，正门为行人通道，侧门为骡马通道。马脚子在此饮马和住宿，马锅头由后门进入高级客栈住宿。整个布局以天井为中轴线，每个天井大小基本一致。从空间角度来看，正房较高，厢房次之，一次可容纳上百匹骡马规模。

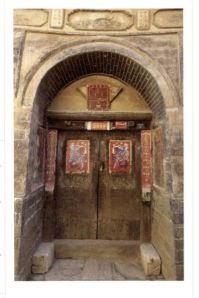

高级客栈 隐藏于大马店后，有小巷与驿道主道相连。高级客栈保存较好，平面布局为相通两院落，正房东向。两个主入口，一个照壁，楼上楼下均有走廊相连，二楼走廊上设"美人靠"，走廊上方有一穹形藻井装饰。整个院落的门扇窗扇、滴水板雕刻精美。正房六扇格子门，两侧雕刻喜鹊梅花，寓意"喜上眉梢"；中间四道雕刻"渔、樵、耕、读"戏文故事画面。客栈设计巧妙、空间布置紧凑合理，会客私密、居住舒适，又与驿站、马店紧密联系，是云南

驿核心区重要的组成部分。

钱家院　云南驿现存保存完好的有钱家大院、钱家二院。

钱家大院位于云南驿古道西端，马店创始人钱治，始建于清中期,供马店经营和居家之用。布局上把"四合五天井"、"三坊一照壁"与"四水归堂"的建筑形式巧妙地结合起来,行成一个大院、五个小院、一个照壁的格局。总的面宽与进深分别在二十五米和三十米左右，占地面积约九百平方米。大院四周房子为重檐穿斗式木结构楼房，开间为"明三暗五"式，即一层三开间、二层五开间，正房北向，四

P72~73

1		4	
2		5	6
3			7

1. 钱家四合院
2. 钱家院大门
3. 喂马石槽
4. 郭家大院建筑群
5. 郭家大院院落
6~7. 郭家大院现为"二战"中印缅战区交通史纪念馆

周房子屋顶高度一致，皆在七米左右，屋顶正背相交在一块。围绕着大院子的四间房子不分主次，俗称"五阁齐顶"。整个布局以大院为中心，几个小院功能齐全，兼具私密性和联系方便的特点。正房和南房具有会客性质，厢房除了具有会客、过厅功能以外，还具有住房、仓储功能，同时它又是另外几个小院的中心。各功能单元相互独立又不缺乏联系。现为钱家后代六七家居住。

钱家二院建于清代，普通客栈，位于云南驿古道南侧，为北向小青瓦顶重檐木结构四合院，正房三开间、两侧各有一天井，南房五开间设商铺，明间为主入口，院内楼上住人，楼下拴马，其接待对象多为小规模马帮。钱家二院布局紧凑、建筑装饰精致，是云南驿普通客栈的代表。

郭家大院 位于云南驿古道北侧，与驿站相邻，为普通

客栈，清代木结构楼房，南向平面布局为单院独立式，南房明间为主入口，两侧为商铺，院内楼上住人，楼下拴马，其接待对象多为小马帮。

李家大院 位于云南驿古道南侧入口处，为清代重檐木

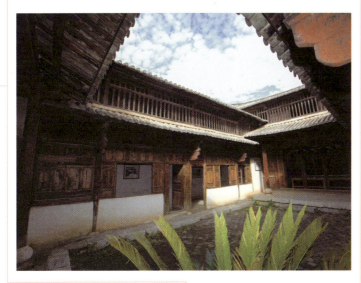

结构建筑群，由五个独立院落组成，创始人李大川。五个院落各有大门，内部可以相通。建筑做工精细。

商铺　始建于明清，现存二百多间，沿古驿道两侧分布。为木结构重檐式硬山顶，小青瓦建筑。多数为"一门一窗

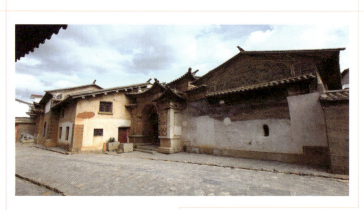

一铺台"格局，也有部分商铺在中间开双合门，中间作为客堂，两侧一间作商铺，一间为起居用房。

关圣宫 位于古驿道中断以北，今牛肉巷旁，由明代进入滇西的明军所建。两殿两天井建筑，整个建筑群坐北向南，由前殿、后殿，东西厢房，大门三部分组成。现存大殿三楹为单檐硬山顶抬梁式木结构建筑。清代曾在关圣宫内设义学云路馆。

关帝庙楹联：赤面秉赤心，骑赤兔追风，驰驱时勿忘赤帝；青灯观青史，仗青龙偃月，荫微处不愧青天。关羽，字云长，山西河东解良人，怒杀仗势欺人的家乡豪绅，逃难江湖，与刘备、张飞相遇，在桃园结义为异姓兄弟，起

1	4
2	5
3	

1. 李家大院院心
2. 李家大院大门
3. 李家大院建筑群
4~5. 商铺

事于涿郡，投军大破黄巾军后，由于刘备兵败投袁绍，兄弟在徐州失散，为保二位皇嫂性命及打听刘备下落，只好暂时归附曹操，在曹营虽受上马提金、下马提银，美酒红袍的厚待，又加封"汉寿亭侯"，但仍是身在曹营心在汉，既不背叛汉室，更不忘桃园结义之情，一旦打听到刘备下落即毅然挂印封金，过五关斩六将保着二位皇嫂回到刘备

身边。他自身不但兼具文韬武略，且忠肝义胆，知恩图报，他一生中还演绎了华容放曹、生擒庞德、义释黄忠、单刀赴会等大义凛然的历史故事，直到败走麦城，他的作为都说明他富贵不淫、威武不屈的高尚品德，被历朝历代塑造为中华民族伦理道德的典范。据学者研究，明军建关圣宫的目的，旨在激励在云南县屯垦的明军官兵，以关羽为榜样，永远效忠朝廷，坚守边关。赶马人也非常崇拜关羽，希望得到"五虎上将"英勇神武的护佑，也希望马帮弟兄忠义齐心，不见利忘义。据清光绪《云南县志》卷之六祠祀六记载："关圣庙，在云南驿。先是殿宇残缺，道光二十三年总督桂良将西巡，梦神示异，比至驿晋谒，宛然梦景。惊异久之，其后两梦如之。遂嘱知府关炳、知县董宗超捐金督工重修，桂良撰碑。咸丰七年毁，光绪间贡生钱为光率士民捐金修复。"关圣宫在清代一度为义学云路馆，据清光绪《云南县志》卷之五学校五书院载："义学云路馆，在云南驿关圣宫，举人陈时设立，呈请拨鹏飞馆租二十石以供束脩。"

关圣宫一般塑有关公、周仓等尊像。每年农历五月十三日是关云长磨刀会，据民间相传磨刀会这天，如果晚上下雨，

1 |
2 | 3

1. 关圣宫
2. 关圣宫梁架结构
3. 云路义馆残碑

中国名村·云南云南驿

这一年就会风调雨顺；如果当晚无雨，可能会遇干旱。磨刀会会期善男信女祈求风调雨顺。

过街楼 过街楼址在今老年协会前，相传建于明代，现在还能从一侧土墙上看出过街楼楼梯留下的痕迹。旧时的过街楼为三层宝鼎式古楼，楼上有更钟。到了 20 世纪 30 年代的抗日战争中，过街楼曾一度作为瞭望台和悬挂空袭警报旗帜使用，蓝旗一出，警示人们一场空袭即将来临，空气骤然紧张起来；红旗再出，敌机快要到达，人们开始考虑脚下的位置是否安全；黑旗一出，敌机已至，日本侵略者的狂轰滥炸再次降临。这三种色彩在人们心头留下太多的悸怖。中国人民用正义的抗战赢来和平，今天，三面旗帜仍飘在老人们记忆的天空里，飘在听故事小孩想象的历史中。过街楼也为那场战争付出了"躯体"，仍在东南一隅土墙上留下不深不浅的楼梯压痕。

过街楼的位置（已毁）

天灯杆 古驿街口原有一天灯杆。天灯杆底座与水阁顶齐高，是驿街上的至高点。旧时天灯杆上挂有大灯笼，通夜长明，根据驿店的住宿情况，以三种不同的颜色示意过往客商马店客栈中可有住宿铺位，以此调节马帮的入住。东面夜行的客商翻过东面的沐滂铺，云南驿坝子在望，定睛一看，若是天灯杆挂着红灯笼，赶马人便欣喜地前来投宿，因为红灯意味着铺位是盈余的；若是绿灯，那也好，还有部分铺位空着哩；若是黄灯，那么牵起马继续赶路另做打算吧，驿中客店已是满位了，但也不失有那么一种会心的感激：至少不用拖着人困马饥的队伍来回走那么一段冤枉路。这或许也就是"古道热肠"，只有夜行的赶马人才最能体会这三种色彩的冷暖。天灯杆基座为一块长 174 厘米、宽 64 厘米的青石板，石板固定在驿道上，石板中部并排凿穿三个 20 厘米的方形榫口，榫口中间固定木杆用来悬挂指

天灯杆原立的位置

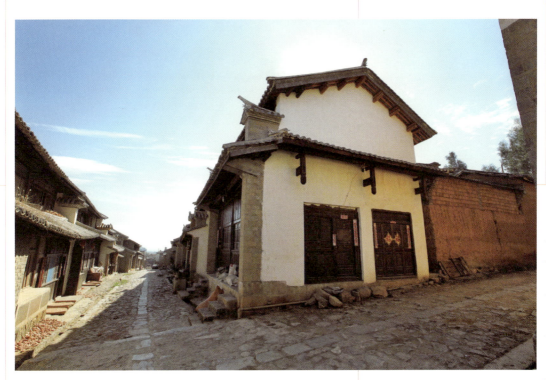

1	2	4
	3	5

1.高官铺水阁翼角
2.原来的石牌坊处新建的牌坊正面
3.（截屋顶局部）高官铺水阁正面
4.高官铺水阁
5.旧站水阁

路灯。目前天灯杆基座还保留在原地。

"云南驿古镇"石牌坊 驿街距水阁不远的地方原来建有一座青石牌坊，牌坊正中刻有"云南驿古镇"几个大字。现已不存。

水阁 相传建于明朝初年，是过往客商、官人、马帮休息观光的地方。有"云南县水阁风铃叮当响"的说法。

中国名村·云南云南驿

马帮文化

中国民间
文化遗产
抢救工程
THE PROJECT TO CHINESE
FOLK CULTURAL HERITAGES

云南多山，交通极为不便，马是人们不可缺少的重要交通工具。组合成群，完成大宗物资运输，就成为马帮，从而也就创造出极具地域民族特色的马帮文化。

马帮生活的历史画卷

随着交通工具的改变，马帮已成为历史，但在白马寺里，宗祠内，老店柜台前，大槐树下，老人们常常讲起驿站的往事。

那时的小镇，黄昏时分便忙碌开了。人们很快吃过晚饭，一些村民背着一箩筐一箩筐的青草赶到马店附近，沿街挨个摆下篮子，不时整理着青草。马店里，掌柜正指挥着伙计麻溜地张罗一应物品。伙计像往常一样备足了马料，恰到好处地灌好水烟筒的水，备好金黄的烟丝，将大缸的白酒分装到小酒坛中，又看过客房收拾得整洁了，才向掌柜的报告马店各项事宜已办妥当。账房里，先生已经研了一坛好墨，账本端正地摊开在案桌上，黑亮的算盘珠子整齐地归零。厨房里的土锅"咕咚咕咚"地沸腾着，腊肉、炖菜的醇香随着炊烟弥漫着一院又一院的马店。

驿街上，通红的灯笼已经挂上高高的天灯杆，昭示远客客房是盈余的。

十几里外南来北往的马帮远远望见大红灯笼，长时间困顿枯燥的行进过程开始喧哗起来。大家纷纷宣布着各自的打算，一坛好酒、一锅好烟、一位故人，都和盘托出。

马队的蹄声渐渐稠密起来，淹没了水阁的风铃声。一队队马帮满驮着药材、茶叶等货物，穿过不知建于何时的题写着"云南驿古镇"的青石牌坊，穿过宝鼎式的过街楼，分散到各自熟悉的马店和客栈。店小二热情地打着招呼，引导马帮进入深深长长的客栈。

硕大的青石饮马缸灌满刚从井里提起的清冽的井水，骡马欢快地畅饮着，不时打着响鼻，咀嚼着草料，抖擞着鬃毛，

刚劲的尾巴有力地甩打以驱赶蚊蝇。

　　马锅头被恭敬地请入上房，房间宽敞明亮，大床设计得颇具匠心，床板下中空，是一个很大的柜子，用来盛放贵重物品，还可以上锁，夜晚马锅头睡在上面，再加一把锁，财物就十分安全，马锅头也可以睡一个安稳踏实的觉了。

1
―
2

1. 精心挑选好马
2. 驮运的货物

店里的伙计帮着赶马人卸下驮子，分类规整地码放在一起。卸下重负的骡马精神抖擞，被引到客房下的马圈里，踩着柔软的稻草，安逸地咀嚼着草料。

颠簸的驿道上，因长时间受驮子磨蹭，一些骡马腹背起了脓疮，在驻店的空当里，主人赶紧给这些受伤痛折磨的骡马上药，一边小心地擦拭着，一边心疼地往伤口轻轻吹气，以缓解骡马的疼痛。而羸弱的骡马则受到了喂食盐的优待，以补充体力。赶马人小心地给骡马刮削被路面磨破的蹄茧，反复打磨比对，挑选出最合适的马掌，丝毫不差地用小锤将细而短的马钉敲进骡马的蹄子里，固定住了。又让骡马试着走几步，这才放心。在这样的时光中，骡马温顺地配合着，忽闪着眼睛，不时用蹄子刨着蹄下的土。

安顿好后，马锅头给自己做一番打整，毕恭毕敬地给楼上供桌上的山神、桥神、路神牌位上香、磕头、行礼，感谢神灵一路庇佑，马帮清吉平安。

赶马人得到犒劳，安排比平日丰盛的伙食。大伙划着天南地北的拳路，摆着五湖四海的龙门阵，脸膛红了，声音高了，不时抖几嗓子《赶马调》，喝到兴头上的弟兄，侃到情深投缘处便相互搀扶邀约去关圣宫关帝面前拜把子做生生世世的兄弟。

一些熟识的客商缠着马锅头要分茛一些茶叶等货物，杯来盏往，碍于情面，马锅头只好应允。又随即安排赶马人到驿街上补充一些土锅、土碱、酱辣子、瓜条、萝卜干等物品。

酒足饭饱，一切安排妥当后，开明的马锅头同意马帮的弟兄到驿街上溜达。有的寻找亲朋故旧，聊驿路趣事，叙思念之情；有的意犹未尽，继续寻找酒肆开怀畅饮；有的掷几把骰子碰碰运气；有的尝遍饵块、黄粉、凉虾、黄豆腐等小吃；有的游览水阁、过街楼、赏月楼、关圣宫、白

马寺；有的为父母妻子购买发簪、首饰等细软，为孩子挑选玩具、糖果、点心；有的为自己理发、剃须，打整收拾一番。

骡马是赶马人的命根子，赶马人爱马如命。驿街上最热闹的就数马具店了，为数不少的店面都挤满了赶马人，店主应答着赶马人的询问，鞍鞯、辔头、马蹬、大铃、抄子、镜子、红缨、马钉、马掌以及火药弹石，应有尽有，不停赞誉物品的来路和做工，不断为赶马人展示各种马具，忙得不亦乐乎，却始终不厌其烦。赶马人货比三家后，最终选得中意的马具，赶回马店给骡马试试。街上奔走着几个行色匆匆的人，他们顾不得吃饭，焦急地四处寻找兽医，请求救治他们生病的骡马。兽医一番"望闻问切"后，给出令人或喜或忧的结论，在三四个赶马人的齐力配合下，分别抱住骡马的身子、腿，掰开嘴，患病却倔强的骡马被渐渐安抚或控制住，兽医谨慎地将一只中空的水牛角插入骡马口中，就势将药饮顺牛角灌给骡马，交代一番后，收取诊费，被赶马人恭敬地送到客栈门口。

驿街的天灯杆换上了黄灯，驿站客房所剩不多了。远处的马帮见着黄灯笼，加紧了步子，骂骂咧咧地埋怨一番路

	4
1	
2	
3	

1. 烤豌豆粉
2. 土碱
3. 腌菜
4. 曾经用于医治马病的院落

途上要不是谁谁耽搁了一下，今晚怎么会连能不能住店都不好说呢？埋怨归埋怨，大家还是步子一阵比一阵急，催促着骡马，径直向驿站奔来，希望能碰到好运气。

赶马人们在马锅头交代的时间前陆续回到客栈。马锅头在火塘前一边烤吃着雷响茶，一边"吧嗒吧嗒"抽着旱烟。负责护卫的赶马人，借着油灯和火光，不停擦拭着砍刀、弓箭、火枪等防身武器，不时偏起脑袋审视细部是否有瑕疵。赶马人们聚拢火塘，向马锅头报告一番，还展示购买的物件，马锅头——问实交代的事情，对第二天的行程做了周详的安排，吩咐大家休息。大伙痛快地擦洗一把身子，看一遍骡马和货物，才放心地睡下。

驿街的天灯杆换上了绿灯，昭示远客马店已满。马帮远远地看见，只好另投别处，或选适当的地点露宿开稍。

杂沓的马蹄声和脚步声渐渐稀疏了，驿街上更夫打更报着时辰，客房里鼾声此起彼伏，不时有人梦语，马厩里骡马吹着响鼻，偶尔互相撕咬一下。夜安静下来，空气也沉淀下来，酥油茶和雷响茶的味道相互衬托着，旱烟、水烟的味道交织在一起，马粪和赶马人的汗味、马帮的山野之气显得格外浓郁。

第二天，讲究的马锅头早起洗漱后，恭敬地向马店楼上的山神、桥神、路神牌位上香磕头，祈求出行平安，有时还到驿街上的关圣宫上香，请求关帝保佑此行兄弟忠义齐心，财货广进。有心的马锅头，还要到村后凤凰山上白马寺白马将军像前进香祈祷骡马平安、出行大吉。在马锅头进香祈祷的同时，马脚子已经熟练地归置好了各种货物驮子，喂饱了骡马，等待马锅头的一声号令，马鞍上马，驮子上鞍，整齐的马帮队伍便踏着驿街的青石板路，向下一站开拔。

1
2 4
3

1. 马铃
2. 马灯
3. 马鞍
4. 马锣

中国名村·云南云南驿

云南马帮文化博物馆

2005年，云南驿村委会与海棠旅行社合作将云南驿大马店建设成为云南马帮文化博物馆。

博物馆占地550.90平方米，为土木结构两层三进带后院的古建筑。正房、厢房均为三开间，总面宽约10米，总进深在50～60米之间，正房层高在3～3.5米之间，厢房则在2～2.5米之间，屋顶为小青瓦建盖。博物馆巧妙利用大马店原有格局，将账房、马厩、客房、茶房按原来样子加以复原，按马店的历史功能，在过厅、走廊，展出数百件驮架、马鞍、马灯、马镫、头饰、货物以及弓弩、火镰、火枪等马帮工具和物品，让观者对马帮实物一览无余。此外，墙壁还书写了流传于云南驿坝子的一些反映赶马人生活的《赶马调》词句，引发观者无尽想象。

该馆依托大马店原有建筑，马店临街北面开间展示店铺，南面为入口。入口过道展示马帮路线图。第一进天井，左边的厢房进深很浅，约两米多一点。一层展示账房，案桌摆账房先生所用珠算、账本、笔墨。二层展示货栈、客房。

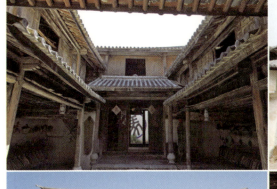

正房一层中间是过厅，过厅两边开间展示马厩和供马夫所用火塘，正房二层展示客房、货栈。天井北墙镶嵌残碑两块，一块立于清代，讲述驿站马匹、马夫设置情况，一块立于中华民国年间，为指路碑。第二进天井，两侧厢房一层没有内墙，只有立柱支撑，是为马厩。第二层展示客房、货栈。第三进天井，厢房形制与功能同第二进天井，但正房到后院装修精美，二层正房设供桌，摆放山神、桥神、路神牌位，有豪华客房和床具，二层能够全部环通。三进后院有水井、彩绘照壁，环境清幽。

　　该馆布置精当，身临其境可以碰触马帮文化的历史遗物，嗅出马帮留下的山野之气，开启想象的空间，仿佛赶马人刚刚开拔，掌柜和伙计们只是出门赶集采买去了。一切都不是那么遥远。

　　该馆是目前全国保护比较完整、规模比较大的马帮文化展馆。

2	3
4	5

1

1. 马帮文化博物馆
2. 两侧房间作为展示的空间
3. 云南马帮文化博物馆临街外景
4. 第二院落
5. 场景复原式展出

赶马调

祥云《赶马调》是由赶马人及民间艺人口头创作并广为流传的叙事民歌，歌词一共 26 段，有分别流行于云南驿坝和祥城坝的两种曲谱。《赶马调》借男女对唱的形式，展现了赶马人颠沛流离的生活和马帮生活场面。

每个赶马人身后都有一个丁口为数不少的家，他们的奔波多是为微少而关乎生活的薄利，或替商家将大宗的货物从此地运往彼地，而获取驮运资费；或是将本地的特产，如土锅、药材、辣椒等等，贩卖到异地，再从异地购置一些货物，驮回本地销售，地区间的物资得到了互补，赶马人也从中赚得薄利，补给家口。他们吆喝着上路，声嘶力竭地对自己的生活进行自我解嘲。痛苦的经历使得他们的描绘是如此之生动，他们于绘声绘色的描述中暂时放下了生活的艰辛与沉重。人们各自拼凑出自己的痛苦，热热闹闹地唱起一出戏，痛苦也就暂时抛到这个戏台子上了。同时，

弹唱

在这种行进的过程中，一段调子唱罢，喉咙已经沙哑，但人们的脚步追着骡马的步子不知不觉间已走出了很长很长的一段。

一代又一代的赶马人品味着类似的生活之味，将生活唱成一个调门——《赶马调》。

《赶马调》歌词如下：

男：砍柴莫砍葡萄藤，有囡莫嫁赶马人，

三十晚上讨媳妇，初一初二要出门。

女：你要出门莫讨我，你要讨我莫出门。

男：讨你差下连根账，不走夷方还不清。

女：夷方路上你莫去，我织布纺线还得清。

男：织布苦不够点灯油，纺线交不了门户钱。

女：我车子就是摇钱树，织机就是白米仓。

男：我一把钥匙交给你，这个大家你当着。

女：石头劝了会说话，唯有小郎劝不依。

男：我大田卖掉买骡子，小田卖掉配驮子。

女：你卖田赶马田走路，借账还账账在着。

男：头骡买得大乌嘴，二骡买得喜鹊青，

三骡就是玉尾巴，四骡就是四脚花。

女：头骡需要郎打扮，二骡还需妹配鞍。

男：大骡大马买齐掉，这回我就办驮子，

老厂铁锅捆两驮，宾居粉丝勒一双，

永北铜器配一驮，弥渡辣子勒一双，

牟定钉掌捆两驮，祥云瓜条勒一双，

初一不走初二走，初三早上早动身，

大铃抄子一齐响，准备出门走夷方。

女：大铃就是催命鬼，抄子就是活阎王。

男：前面没有拦路草，就是后头妹牵着。

女：牵你就因路途远，怕你劳累不顾身，
　　夷方路上瘴气大，千万谨慎要小心。

男：夷方路上好赚钱，困难艰险我也知。

女：你吃水莫要扑着吃，扑着吃水冲着心。

男：吃水要做扑着吃，扑着吃水凉透心。

女：思茅孟海未脱脚，赶上为妹栽早秧。

男：头骡二骡通人性，一见岔路它站着。

女：头骡不走要加料，二骡不走要开稍。

男：石头就是花靠脑①，草皮就是世绿毡，
　　头发棵上升露水，眼眉毛上结冷冰，
　　早上听见孔雀叫，夜里听见豹子哼，
　　歇店就歇天宝店，伙伴平和店又宽。

女：你一天欢乐有人见，一夜苦楚哪个知？

男：我去茶山茶不发，去到花山花不开。
　　里七外八中九站，这回到了大夷方，
　　夷方路上多售货，全部驮子都卖光。
　　孟海棉花驮四驮，南桥山茶勒两双，
　　这回驮子办齐掉，端上驮子白茫茫，
　　赶起骡马回家乡，赶上为妹栽早秧。
　　套头打得斗箩大，浑身怕冷心发慌，
　　思茅得病普洱死，阴魂落在滚龙江。

女：三月天气热炎炎，等着丈夫回家栽早秧。
　　只听大铃叮咚响，不见丈夫转回乡，
　　双手拉住头骡马，我夫为何不回家？
　　头把问了问二把，一口秋子跟后方，
　　哭得天昏地又转，你丢下为妹去哪方，
　　劝你多少你不听，你一定要去走夷方。

此外，还有赶马人对艰苦的旅途生活自我解嘲的赶马调：

息的是天宝殿，架子脚底就安身。

三个石头搭眼灶，就地挖开洗脸盆。

石头就是花顺脑②，草皮就是世绿毡。

反映痛失丈夫的妇女面临的困苦生活的赶马调：

女：赶马哥来赶马哥，你咯见我亲哥哥？

男：你的亲哥怎么样？你看说来我听着。

女：青布衣裳银纽扣，挑花草鞋白草帽。

男：去到花山花不开，去到茶山茶不发。

思茅得病普洱死，阴魂落进滚龙江。

女：铺盖不有洗头水，衣衫不有打补丁。

好马不佩双鞍架，好女不嫁二夫人。

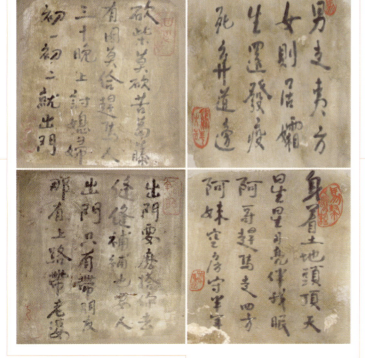

注：

①～②"靠脑"、"顺脑"为祥云方言，指枕头。

赶马调

"走夷方"和"奔厂"

新中国成立以前，祥云人"走夷方"是出了名的，至今云南驿一带还流传着一首民谣："小云南，三年两季荒，穷走夷方饿奔厂，只有奶奶坟，没有老爹坟。"1914年，时任云南县知事的路承熙在《云南县竹枝词十二首·走夷方》中写道："十月霜高早涤场，一家聚首细商量。春还冬去无多日，茶叶分来自夷方。"这是走夷方的真实写照。人们在庄稼收成以后，相约结伴到保山、临沧、耿马、瑞丽、思茅、普洱等地方"走夷方"。他们挑着土锅、土碱、酱辣子、瓜条、萝卜干等祥云特产，前往上述地方卖成钱，又购买茶叶等货物返回出售。有的则是到上述地方买卖货物做生意，有时"走夷方"的人们还从途经云南驿的马帮那里趸进一些洋火（火柴）、洋电（手电筒）、洋刀、洋铲、洋斧等"洋货"带到需要的地方出售。

"奔厂"则是指到英国人在缅甸开办的老银厂做矿工挖

银矿。"奔厂"的人们也往往是一头挑着土锅等祥云特产，一头挑着数十双草鞋，沿途以卖出特产做盘缠，从祥云出发，途经弥渡、蒙化（巍山）、顺宁（凤庆）、保山、龙陵、芒市、畹町，出境至缅甸的南坎、猛洛、深沟、大水、邦海，大概一个月的时间到达老银厂。老银厂的工钱较高，每月工钱最少是30元卢币，而只需8至10元卢币左右生活就可以过得比较好，但是工作是异常艰苦的。

"走夷方"和"奔厂"的路途都充满了艰辛。路途险阻自不用说，有的人还不幸染上疫疠、瘴气身亡，有的不幸遭遇土匪抢劫被打死，有的经受不住沉重的工作积劳成疾而累死、病死。许多不幸给人们留下了刻骨铭心的伤痛，故而有了"只有奶奶坟，没有老爹坟"的苦叹。

1	2
3	4

1. 每逢上路都向山神、路神和桥神祭拜
2. 走夷方必备的鞋帽
3. 蓑衣
4. 野外生火做饭场景

碑刻

《旧站紫金殿（奎阁）石匾》，大理石质，高52厘米，宽153厘米，立于光绪十九年（1893），左行楷书，行2~14字，共31行三百余字。碑文记述了云南驿设驿站及"旧站"名称由来、文武二宫创建始末等内容。碑文云：

尝思莫为之前虽美弗彰；莫为之后虽胜弗传。忆自汉习楼船，唐标铁柱，宋挥玉斧，元跨革囊。此川原属蛮夷之邦，无名可稽。荷蒙明太祖攻克白王，西南平定，全滇归复，此乡安设匡州，筑造城垣，管辖勃弄县、德昌县、洱海县，复安设金沧道于洱城通衢站口，由普淜一站经龙马菁驻宿匡州城。迨至我朝定鼎以来，裁撤匡州、勃弄、德昌三州县并金沧道，将洱海县改名云南县，更设驿站于云南驿，此旧站之名所由来也。前辈绅民原建有文武二宫于城垣之西南隅，嗣因咸丰丁巳年迤西变乱，寺院民居焚毁殆尽。今有杨公景千率仝合村士庶，迎请川中名望熟筹妥商，将旧寺基址抵换与陈姓为业，移修文武二宫于城心，创建观音阁于中亭，壮紫金之

观瞻，喜白马之朝宗。神明庇佑，文武迭兴，谁不乐从而观昌之。是为序。

光绪十九年岁次癸巳仲冬月吉旦

选拔进士陈钫子庚撰

合村士庶立

1 | 2
3

1.重修帝君庙残碑
2.古碑
3.古碑拓片

云南驿驿丞袁氏

自元末至明代成化年间，云南驿驿丞一直由当地"僰人"（白族）袁氏担任，共传四代九十余年。

明洪武年间，云南县站户、僰人袁奴，招故元同知自羌、万户自白及本处夷民三百户归附明朝，又以馈粮累劳明军，因此于洪武十七年（1384）实授土驿丞职。明军征麓川，征袁奴兵二百，之后云南县土官杨氏奉令平定叛乱，袁奴都安排兵马从征。洪武二十四年（1391）四月，袁奴曾一度调任江西九江府彭泽县龙城驿驿丞，因为语言不同等原因，具告复职。1402年10月，袁奴进京朝贺。袁奴告老还乡时，其长子袁赐因先前洪武三十年（1398）九月因事发洱海卫充军，按律不得继任驿丞职位。由嫡长孙袁思聪告袭。永乐四

年（1406）正月，明成祖圣旨批复："他儿子犯法，他却不曾犯法，既老了，著他孙袁思聪做驿丞，还不做世袭。若不志诚时却著别人做，钦此。"于是袁奴的长孙袁思聪又得以继任云南驿驿丞。袁思聪死后，其子袁海于宣德三年（1428）继任。袁海死后，其子袁让于成化十四年六月奏袭。

此外，据《明宣宗宣德实录》卷43记载，袁思聪妻李氏于宣德三年五月癸酉（1428年7月4日）进京朝贡马匹，"……云南之云南驿故土官驿丞袁思聪妻李氏等来朝贡马"，并于宣德三年五月辛巳（1428年7月12日）得到宣宗皇帝恩赐，"赐……云南之云南驿故土官驿丞袁思聪李氏等……钞有差"。

曾经是袁家的花园水池

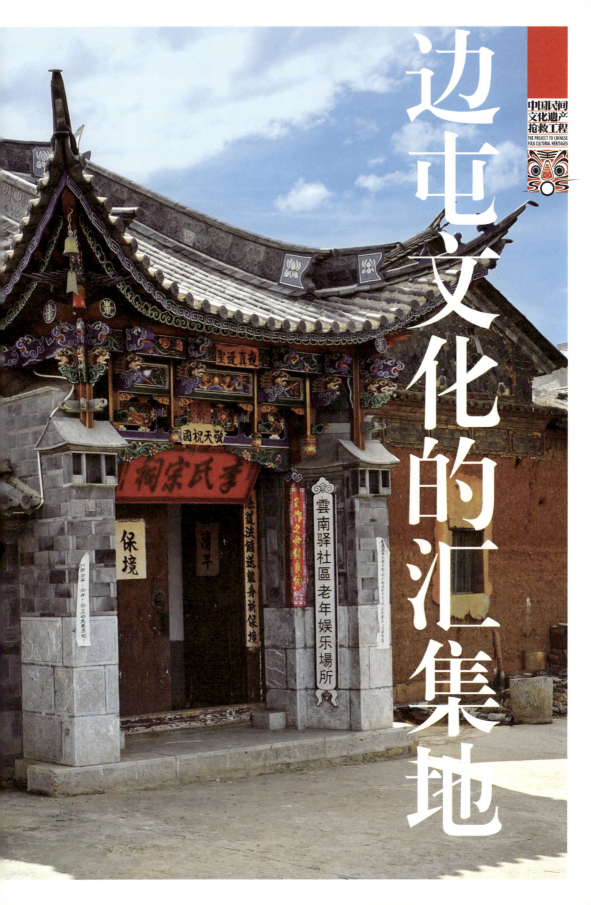

边屯文化的汇集地

云南驿社区老年娱乐场所

地名与边屯

从西汉元封二年（前109）建立云南县起，历代朝廷均派内地官兵驻县统治及镇守，部分官兵及家属陆续定居下来。随着县域的开发，中原商旅及工匠逐步流入，境内汉族逐年增多。明朝是汉族入境的鼎盛时期，洪武十七年（1384），朝廷在县内建洱海卫，调军队九千余人，发给生产工具，分六个千户在境内屯种，随后定居为民，这支队伍大都来自江苏、江西两省，现今问起汉民祖籍，部分可说出南京应天府、江西福州府等大概脉络。今云南驿坝许多村落还保留着边屯色彩浓厚的地名。

前所街 明代在此设前哨所，为农村集市，故名。

虞旗营 清代虞姓旗军在此扎营，故名。或因"旗营"连读为"情"，故亦惯称"虞情"。

北屯 传说明朝时该村始祖随沐英征滇，授职在果城村北部屯田，故名。

高官铺 因明代高姓官员在此驻守驿站得名。

旧站 元代在此设驿站，后迁至云南驿为新站，该村故名旧站。

练昌 明朝在此设过教场，称"练场"，取谐音得名。

左所 明代在此设立卫所，故名。

傅旗营 清朝时傅姓由弥渡小西庄迁移此地屯田扎营，故名。

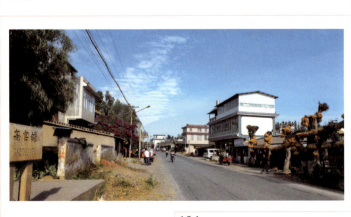

高官铺

王彦营 明代王姓在此扎营屯田而得名。

潘家营 明代潘姓在此扎营屯田而得名。

苏家营 明代苏姓在此扎营屯田而得名。

陈家营 明代陈姓在此扎营屯田而得名。

董营 始祖董友弟于明洪武十四年随傅友德征滇，授武毅飞骑尉，后屯田于云川建村，故名。

徐旗营 始祖徐来三，江西金溪县人，明洪武年间随军征滇，授总旗官职，屯田于此，故名。或因"旗营"连读为"情"，故亦惯称"徐情"。

许家营 明代许姓南京籍人随军征滇，在此扎营建村，故名。

小潘营 明代潘姓南京籍人随军西征，落籍于南涧，后迁移此地定居，因人户少，故名。

王家营 明代王姓南京籍人随军征滇，在此扎营建村，故名。

周里营 明代周姓军户在此屯田扎营，故名。或因"里营"连读为"林"，又称"周林"。

天马营 原名"马房营"，据传明洪武年间沐英征滇，在此扎过马营，故名。清初雅化为今名，喻为"天神之马，一日千里"。

汪旗营 清朝时汪姓带领旗兵在此扎营，故名。或因"旗营"连读为"情"，故亦习称"汪情"。

郭官营 明代郭姓军户在此扎营屯田，故名。

蛟起营 明代焦姓在此扎营屯田得名"焦旗营"，后取"蛟龙腾起"之意得今名。

百长村 明代村中有一百户长而得名。

阮营 明代阮姓随军征滇，在此扎营屯田，故名。

虞家庄 旧时为虞姓田庄而得名。

李氏宗祠

李氏宗祠在云南驿村中，始建于清代，历经数百年风雨沧桑，宗祠年久失修，屋宇破败不堪，濒临倒塌，院落残缺不全，照壁、大门无存，原置器物散失殆尽。2010年10月李氏族人遵循"修旧如旧"原则原址修复宗祠，于12月动工，次年6月竣工。新修复的宗祠坐西向东，为"三坊一照壁"建筑格局。大殿三开间，为歇山顶抬梁式木结构建筑，南厢为两耳房，北厢为木楼结构三开间，东面为大门和照壁，形成独立的院落。宗祠大门、正殿彩绘精致，色调优雅，重现往日风貌。照壁题字"彩云南现"、"紫气东来"，追溯了云南驿作为"最早叫云南的地方"的悠久历史，表达了对吉祥如意的向往。宗祠存有《李华庵先生寿基序》碑，记述李氏家族李华庵先生生平事迹和李氏世居云南驿的相关史事。宗祠同时为云南驿社区老年娱乐场所在地，除祭祖、议事外，平日里也较为热闹。

云南驿李氏一世祖为明朝寿官李武。原籍南京应天府柳树湾，明洪武年间，跟随征南大将军傅友德，左右副将军蓝玉、沐英平定云南。尔后，随沐英镇守云南，屯垦戍边。娶杨氏、李氏二妻，生五子，俗称五支。李武归隐后定居于云南驿，由于为人宽厚，望重乡里，暮年由地方奏报朝廷，皇帝恩准下旨，钦赐寿官予以褒奖。数百年来，云南驿李氏子孙繁衍生息，已传三十余代。

1	2
	3

1. 李氏宗祠
2~3. 李氏祖先牌位

钱氏宗祠

在云南驿村后凤山中麓，有新、旧两所宗祠。旧宗祠建于1840年，为钱氏家族议事、祭祖场所，历经一百多年香火不断，后于上世纪60年代被破坏，建筑倾圮，断壁残墙，唯独院中一株几百年树龄的老缅树（大青树），被当地人视为风水树，至今枝繁叶茂，年年抽枝发叶，迸发出勃勃生机。2010年2月26日，钱氏宗族在老缅树旁召开重建宗祠会议，决定在旧宗祠正西面不足百米处兴建新宗祠，并于3月破土动工，8月竣工，新宗祠飞檐翘角，木雕彩绘，背靠凤山，面向开阔的云南驿坝子，蔚为壮观。宗祠大殿中庄严地陈列着云南驿钱氏先祖牌位，供族人瞻仰缅怀、慎终追远。平日里村民们也喜欢到宗祠下棋、聊天，这里已成为村民们休闲、娱乐的新场所。

兹录宗祠内的祖德流芳碑碑文如下：

云南驿钱氏家族源远流长，忆本溯源，祖德流芳，忆往昔，我们的祖先曾显赫于世。据史料记载，明洪武三十年，西南少数民族叛乱，明太祖朱元璋举西征军平叛西南，当年钱氏先人为报效国家，踊跃参军，毅然离开故土南京应天府大坝柳树湾，在南疆沙场横刀立马，浴血奋战，在平叛战争中立下汗马功劳，受到朝廷嘉奖，并以此享受减免赋税之优惠。

自第一世祖清正五品大员钱天孙（据老青山毕家菁钱家祖坟石碑记载）入滇至今，钱氏仁人志士，层出不穷，文韬武略，建功立业者数不胜数。三世钱本然曾任云南县兵马统制，三世祖后，钱广、钱万邦、钱灏、钱云鹏、钱鹤、钱大川、钱发贵七位先辈奋战沙场，因战功卓著，被封为振威将军，其中钱大川于同治年间（1869年9月）被封为清朝十大勇士之一——

巴图尔（摘自清《云南县志》，由祥云县人民政府整理），为后世子孙树立精忠报国之表率。钱氏祖先不仅武功卓著，文采亦可圈可点，十一世祖钱文斗赴京应考，金榜题名，年迈返乡创建云南驿第一支文昌会，被誉为滇西才子。钱氏状元楼，进士匾被后人称道。改革开放以来，云南驿钱氏子孙大学毕业成为国家栋梁者数以百计，硕士、博士亦不乏其人，真可谓"忆先祖文才武功卓著，看子孙兴家建国风流"。

1
2
3

1.祖先牌位
2.原钱氏宗祠
3.新建的钱氏宗祠

《钱氏家谱》

云南驿《钱氏家谱》分为吴越钱氏大宗谱、钱氏大宗庆系谱和临川谱三谱世系。谱前载有宋徽宗皇帝御制钱氏庆系家谱序、宋理宗皇帝御制吴越钱氏族谱序。吴越钱氏大宗谱为吴越国王钱镠于后梁乾化五年（915）手修并序，由一世祖少典述至八十二世祖钱镠。钱氏大宗庆系谱为庆系四世祖开国公钱惟寅于北宋天圣五年（1027）续修并序，由一世祖钱镠述至五世祖钱暄。临川谱上承庆系谱五世祖厚鲁国公钱暄，十五世宝以下阙。三谱文内均增录有史籍记载，为武肃王钱镠三十二世孙钱良骥辑录。从行文看钱氏家谱尚有滇南谱，滇南谱上承庆系一世祖武肃王钱镠第十三世传钱聚，下启滇境钱氏世系。

家谱记载，吴越国王钱镠卒谥武肃，故称武肃王。钱镠为吴越钱氏大宗第八十二世祖，尊为江东第一代祖，同时是庆系钱氏一世祖。钱氏大宗第十世祖篯铿尧封之于彭国，故称彭祖。篯铿第二十八子篯孚为周文王师，官拜篯府上士，因去"篯"字竹字头儿为"钱"，是为钱氏受姓之始，传至钱镠为吴越国王，彭城郡更名为临安郡。

钱氏大宗庆系宗谱序

钱氏之先出於少典少典黄帝黄帝生昌意昌意生颛
童卷童生重黎及吴回吴回生陆终陆终第三子钱鏗封
本云彭祖是也為殷守藏史至周為柱下史亡壽八百歲
十八子曰孚為周文王師官於钱府上士因去竹而為钱
四十二世生林公漢諫議大夫元始三年改為程令生
官至禮部郎中生子敞舉進士官至户部郎中生子翔翔
軍封高密侯咸公四世生讓公漢廣陵太守都督九江諸
封富春侯讓公生四子長子何嗣父爵二子曰京為後漢

宋徽宗皇帝御製钱氏庆系谱序

吴越國王鏐倜儻有大度意氣雄傑值唐末亂離竭力禦寇因奉傳山
平江浙而據有其地昭宗即位加太師中書令封本郡王梁室繼興
進封吴越國王至於後遂獨有方面號令十三郡垂四十年修中州
虚日風物殷庶族系繁侈浙人俚語目之曰海龍君言富贵若彼也
英爭逐横槊為上何暇議文墨耶然而喜作正書好吟咏通圖緯晚
下士幕客羅隱雅好譏評雖及刺諷時事怡然不怒人以大度稱之
亦人間英物也所書倨剛勁結密似非出用武手殆末易以學者追
雲初者多矣钱氏自唐乾寧間據有江西至我宗之興凡三世四王
其孫傲納土稱藩逮使後世子孫靡我爵禄承承不絕亦有英風竹

另有祥云县档案馆藏于上世纪 80 年代征集到的云南驿《钱氏家谱》，记述云南驿钱氏先祖，于明朝时从江苏、浙江两省投军入伍。明洪武十四年（1381）随征南大将军傅友德入滇，经过南征北战，行程万里来到云南驿。先在祥云大仓，后移住云南驿定居落籍，至今已有六百余年。云南驿钱氏从始祖钱天孙、钱本然算起至今已繁衍十七代子孙，发展到一千五百多人，为云南驿大姓之一。2011 年 9 月，钱氏十六代钱太安等续编《钱氏家谱》，增补很多明初汉人入滇史事，以及云南驿历史文化变迁等情况。

中国名村·云南云南驿

董友弟墓及石雕造像

董友弟是明代浙江台州府黄岩县人，明洪武十四年（1381）随傅友德、蓝玉平定云南，因功授武略将军，后又班师著绩加升武毅飞骑尉之职，承诏屯田于云川。董友弟墓位于小康村旁，为明代砖室墓，规模较大，气象威严，有石质瓦屋式墓阙，呈三连圆卷门形，内嵌"明武略将军陲授武毅飞骑尉始祖董公讳友弟之墓"墓碑。墓前两侧设石雕造像十四座，每侧七座作"八"字形对称排列，人像居中，文官立像二座，官袍玉带持笏肃立，通高210厘米；武将立像二座，头盔铠甲一身戎装，左侧立者左手持瓜锤，右侧立者右手执斧钺，两眼圆睁目视前方，通高220厘米。其余有马、羊、犬、虎、狮各一对，形象生动，惟妙惟肖，通高90～150厘米不等，均用青石雕凿而成，造型古朴浑厚，线条简易流畅，刀法娴熟，具有一定的艺术价值。董友弟墓及石雕造像历经家族保护维修，较为完整，1983年被祥云县人民政府公布为文物保护单位。

	2	3
1	4	5
		6

1. 董友弟墓及石雕造像
2. 石雕武官像
3. 石雕文官像
4. 石马立像
5. 石虎坐像
6. 董友弟墓

中国民间
文化遗产
抢救工程
THE PROJECT TO CHINESE
FOLK CULTURAL HERITAGES
S·O·S

杨炳麟

杨炳麟（1900～1987），字友竹，1900年3月18日生于前所乡云南驿村一个农耕兼小手工业家庭。1918年从军，在护军将领唐继尧部当学兵。1919年，调驻粤滇军第三师军士队任助教。不久，驻粤滇军内讧，杨即回滇，考入云南讲武学堂第十六期步兵科。1922年毕业后，分派到建国第七军警卫营任排长、连长，后任宪兵队长。因黔局混乱，弃军投考，考入陆军将校队学习。结业后，任唐继尧的翊卫队中队长。

1927年唐继尧被推翻后，所在部队编归第三师，杨炳麟任中校营长。至1937年10年中，他不怕苦、不怕死、不贪财，博得上司的信任。1937年卢沟桥事变后，国共两党第二次合作，组成抗日民族统一战线，云南组织陆军第六十军开赴前线抗日，他升任一八二师团长，参加了著名的台儿庄战役和武汉保卫战，及赣北、奉新、安义一带的争夺战，为抗日战争作出贡献，升为副师长。1940年，

六十军奉调回滇南与日军对峙于红河两岸。1941年，他调任步兵第五旅少将旅长。1944年升任步兵第二十二师师长。1945年8月日本投降，六十军赴越南受降。后升为六十军副军长。此时蒋介石强迫六十军准备内战，他不愿同室操戈，自相残杀，遂借故请假回云南。

1955年转业，任省政府参事室副主任，同时任省政协常务委员会委员、民革云南省委员会委员。于1987年3月11日去世，终年87岁。

杨炳麟故居位于云南驿镇云南驿村，建于清代，整个建筑由平行的两方正房及三方厢房及两影壁构成三厢两院式民居建筑。两院正房均为东向三开间小青瓦硬山顶穿斗式木结构楼房，厢房为三开间重檐小青瓦木结构楼房，有北厢房及中厢房，东面梢间设大门，两院落相互贯通又相对独立。是当地较有特色的民居建筑。

1 | 2

1~2. 杨炳麟故居

云南马

中国名村·云南云南驿

陈有栋

　　陈有栋（1904～1969），1904年1月生于前所乡旧站村。1919年到昆明成德中学读书。1923年考入上海大学。1924年在大学加入中国共产党。1925年在党的上海通讯社工作。1926年在中共创办的短期军事训练班学习，结业后赴哈尔滨做军事情报工作。1927年8月，奉调回沪在苏联驻上海领事馆工作，后因机构撤销，与党失去联系，加之疾病缠身，于1929年12月回到故里旧站村养病。

　　1931年至1942年，历任祥云县团务委员会委员、云南驿区团长、云南驿高等小学校长、县参议会议员、副议长、前所镇镇长、中心小学校长等职。他于1945年在下庄街创办县立中学第一分校，任校长。1946年国民党机场守备团的不法官兵勾结驻水口23临教院的部分伤兵及散兵游勇，横行乡里，抢劫行骗，人民苦不堪言。为保境安民，与李鉴洲联络成立南区五乡镇联合办事处，组建镇治安中队，严惩作恶歹徒，其中破获机场守备团士兵劫杀景东商人一案，以确凿的事实迫使守备团负责人认错并严惩凶手，

旧站

深得民望。

　　1948年4月，接待云南省工委来祥云的大批干部，以教书为名，分别安置于祥中分校和各乡镇校点，开展武装斗争。同年8月，经省工委批准，重新入党后，他对工作更加积极热忱，参与广泛发动贫苦农民组织农抗会、妇女会以及自卫队，开展反"三征"运动，领导成立免征委员会等重大问题的工作。1949年初，领导祥云南区各乡镇向乡镇保公所及有枪人家提枪、借枪以壮大人民武装的活动。同年6月初，滇西人民自卫团地方行政委员会成立，他任执行委员、代行秘书处长兼司法处长。对地方政权建设、民运支前、财政税收、文教建设、锄奸反霸诸方面作了极大努力。9月，代表滇西人民自卫团接受张灼生部的起义，宣布将该部整编为自卫团第四支队。1949年12月25日至1950年3月任滇西人民行政公署副专员。1950年4月任楚雄专员公署民政科长兼建设科长。

阮学珂

阮学珂（1914～1975），1914年出生于马街乡阮营村。早年毕业于云南省立第一师范学校。后任宜良自古城小学教员、校长。1935年赴上海协和药厂工作，从此与医药结下了不解之缘。1937年考入上海中法大学药学专修科，因成绩优异，在校学习期间就任恽子强教授的助教，协助教学和科研工作。于1942年与恽教授一家到苏北抗日根据地工作。

到达苏北后，他任华中制药厂副厂长，及时为前线提供药品。同时在新四军二师卫生学校任教，为根据地培养药工人员。1943年初，国民党向根据地"扫荡"，药厂被迫停工。他受组织派遣，10月到达延安，任中央医院药房主任。延安军民开展大生产运动，他除积极参加日常生产劳动外，还坚持为药房长途挑运药品，自己动手制作部分制剂，解决临床治疗的需要。1945年7月加入中国共产党。在1949年延安文教大会上，被授予"模范药剂师"称号，在中直群英代表大会上被评为"模范工作者"。

抗战胜利后，他就任华东军区卫生部材料科副科长、科长。他千方百计组织采购、贮存药品，充分保证供应。为组织接收宋庆龄以中国福利基金会名义从上海运来的药品器材，他经常骑自行车往返于沂蒙山区和安东卫、石臼所等港口之间，每次行程数百里，使药品和医疗器材源源不断地运达解放区。为适应战争环境的需要，他组建制药所，为前方医院生产手术用麻醉剂和常用药品、敷料；开办药科学校，兼任教员，亲自讲授药学基础理论。

1947年，国民党以六十余个旅的兵力向山东解放区进攻，他奉命指挥药厂、药库、药校转移，出色地完成任务。同年秋，他兼任新华制药厂厂长，成功地领导新华制药厂的分散和物资埋藏工作，并带领部分人员辗转敌后打游击，保存了军需药品和器材设备。1948年春敌人的重点进攻被

马街

粉碎后，他立即组织新华药厂的重建和发展工作。是年冬，药厂成为拥有医疗器械、血清疫苗、化学药品制剂、敷料、印刷、玻璃六个分厂的大型综合厂。并在药厂开办化工学校，培养医药技术干部。在军区卫生部工作期间，曾担任《医学生活》主编，支持《常用的药》一书的编写和出版工作。

1949年上海解放后，负责接管上海的药政管理工作。他认真执行党的政策，团结技术人员进行医药科学研究。当时商丘路药厂的医药专家在青霉素研制中，由于条件差，人员少，困难较大，他积极采纳专家的建议，扩大实验室，组织力量攻关，经一年时间就试制出白色结晶的青霉素，结束了中国不能生产青霉素的历史。

1953年，他任华东制药公司、中国医药公司华东分公司副经理、经理，直接领导一批医药单位的建设，支持治疗黑热病的有效药物——葡萄糖酸锑钠的研制和生产，及时供给山东疫区。在一次上报调查五价锑（葡萄糖酸锑钠）的医疗事故时，他主动承担责任，全面检查，认为"不能以单纯技术问题来解释"，保护了科研技术人员的积极性。1956年任中国医药公司副经理,商业部医药局副局长、局长,中国药学会常务理事、中国药典委员会委员。

因脑血栓久治不愈，于1975年6月30日去世，享年61岁。

李光忠

李光忠（1929～1986），1929年8月生于马街乡。1949年9月参加滇西人民自卫团，11月加入中国共产党。1950年奉调参加修筑滇藏公路，任政治特派员。1952年，任南华县特派员、区委书记兼区长，投身于楚雄土地改革运动。1954年在云南大学读书，任云大团委书记。1957年就职于北京地矿部，任部党委宣教委员。1959年于北京外国语学院留苏预备部学习外语，任院党支部书记兼团委书记。1959至1963年留学匈牙利重工业大学，在研究生班深造。

1963年回国。1982年任地质矿产部综合研究所党委委员、副所长。此间，他直接领导多项重大科研项目，刻苦钻研，严谨治学，为地质找矿、矿产评价及指导工业部门开发利用复杂共生多金属矿山工作作出了贡献。1982至1986年，任地质矿产部郑州矿产资源综合研究所党支部书记、所长、副研究员，郑州市中原区人大代表、中国地院学术委员会委员。在任地质矿产综合利用研究专题组长、选矿室主任、研究队队长期间，出色地完成14项科研旷目。1986年4月4日主持会议讲完最后一句话时，突发脑溢血，抢救无效，4月9日逝世。终年57岁。

1986年6月30日，河南省科技系统召开大会，追认李光忠为"优秀共产党员"。7月5日，地矿部追认李光忠为"劳动模范"。李光忠的先进事迹及生平先后两次在河南省广播电台及中央电视台新闻联播节目中播出。

杨丕德

杨丕德（1929～1949），1929年出生于马街乡汪旗营一个小手工业者（铁匠）兼农民的家庭。1947年考入昆明国立西南中山高级工业职业学校机械科。受新文化、新思想运动的熏陶，投入"六二"、"反饥饿、反内战、反迫害"

汪旗营铁匠烧炼铁器

以及"助学"、"人权保障"等运动,后加入中国民主青年联盟。

1948年初,奉派于华宁县溪龙潭营村以任教为掩护,开展武装斗争。1949年2月加入中国共产党,派往该县西北山发展农抗组织。5月西北山区委建立,他任委员兼新西区人民政府秘书。7月,国民党26军不断进袭西北山区,他协同区委领导,与敌巧妙周旋,取得多次胜利。为扩大战果,牵制敌军。8月8日,随区长去弥勒商定联防事务,途经小河口车站被敌杀害,年仅20岁。1949年12月23日,中共华宁县委、县人民政府决定将青龙、王家、禄丰三乡合并建立的区命名为"丕德区"。

虞增荣(1925～1949),1925年生于前所乡虞旗营。幼年时家境贫寒,生活俭朴,勤学奋进。年稍长便利用农闲做小本生意维持生计。1949年3月加入滇西人民自卫团。同年5月加入中国共产党。后升任南海大队珠江中队的小队长。8月,部队攻打宾川县城,南海大队的主攻阵地是一片开阔地。冲锋时,他身先士卒,率先冲向敌阵,不幸右肩中弹,在抬往后方医治途中因流血过多而牺牲,时年24岁。

虞增荣

中国民间
文化遗产
抢救工程
THE PROJECT TO CHINESE
FOLK CULTURAL HERITAGES
SOS

『二战』中的云南驿

爆发于20世纪30年代的抗日战争，是中华民族一洗百年屈辱的雪耻之战。在日本帝国主义妄图亡我中国的生死存亡关头，以爱国主义为核心的中华民族精神空前迸发。在国际反法西斯统一战线的有力配合和支持下，中华民族"地无分南北，人无分老幼"，共赴国难，投入了救亡图存的正义事业。云南虽然是全国抗日大后方，但同时又是滇西抗战最前沿。祥云各族人民和全国各族人民一道，不仅踊跃参军参战，而且在修筑滇缅公路、云南驿机场，保障驼峰航线畅通，支援最先将日寇逐出国门的滇西大反攻中作出了巨大的贡献和牺牲，谱写了可歌可泣的壮丽诗篇。前事不忘，后事之师。本书辑录了其中几段历史画卷与广大读者共同缅怀那段峥嵘岁月，纪念为伟大的世界反法西斯战争作出贡献的中外仁人志士。

根据中共大理白族自治州委党史研究室编辑出版的《大理白族自治州革命遗址通览》记载，祥云县有新民主主义革命不同时期的革命遗址多达55处，居大理白族自治州各县市之冠，其中与云南驿有联系的革命遗址和抗战遗址就有19处。

血肉筑成的云南驿机场 云南驿机场自1929年开始修建后，为适应抗战的需要，经过七次扩建。1942年5月，军国主义驯化的日本侵略者，侵占越南、缅甸，蹿入国境，畹町、龙陵、腾冲相继沦陷，日本侵略者气焰嚣张，妄图向保山等地进犯。为了支援抗战，确保战略物资的运输，国民政府征派、雇用祥云、姚安、大姚、南华、弥渡、巍山等县两万余民工扩修、抢修云南驿军用机场以及仓库、机窝等军用设施。在1942年至1944年间，日军出动大批轰炸机，先后近二十次轰炸、扫射正在抢修、维护机场的上万民工及附近的村庄。三年间共炸死4142人，炸伤2345人，炸死大牲畜192头（匹），炸毁民房、场房、仓库等12038平方米。

1943年3月22日至5月30日，当时仅11万人的祥云县，投入扩修机场的民工就多达75500人次。在中共祥

云县委编的《驼峰航线上的祥云》一书中，记录了日机疯狂轰炸下许多惨烈的史实，这些被调查采访的当事人没有太高的文化水平，但是那些惨痛的日子给他们留下了刻骨铭心的记忆：1940年12月12日上午10点至下午1点，9架日军飞机两次轰炸云南驿机场；1942年3月间的一天，日军36架飞机偷袭正在扩建的云南驿机场，民工遇难250人，航空38站股长黄友德和机械师张信殉职；1942年12月25日和26日，日机连续两天空袭云南驿机场，致死民工26人、伤12人，炸毁驻场援华美军战斗机三架，伤亡一人；1943年4月26日，日军54架飞机大规模袭击云南驿飞机场，扩建机场的两万多民工，伤亡数千人；1943年12月18日、19日，日军连续空袭云南驿机场，民工伤亡惨重，美军损失P-40战斗机一架；1944年下半年，垂死挣扎的日军多次出动飞机空袭云南驿……而这些数字背后，是罹难者残缺的尸首，是伤者痛苦的呻吟，是父母捶胸顿足的嚎啕，是孩子无助的呼喊，是数十年后幸存者鼻中依然翻腾的血腥和心中的泪水！

云南驿飞机场 位于云南驿、旧站、小桥村之间。从1929年动工修建至1945年的16年中，曾先后五次续修、扩建，占地面积1222.5亩，动用民工出勤工日上百万个。1929年9月动工时，占地260亩，1936年修建续占24亩，1938年扩修占24亩，1943年扩建占120亩，机场建成后共有跑道三条，土面主跑道长2200米，砂石正跑道长1800米，副跑道1470米，滑机道4条总长2190米，推机道1条270米，疏散道25条总长3670米，有单机停机坪9个，总面积4.05万平方米，群机停机坪1个4.9万平方米，飞机掩体25个。机场在修建中多次遭日本飞机轰炸。1937年，抗日战争爆发，国民政府中央航空学校搬迁至云南驿，

曾经的飞机场

先后培训第十三、十四两期飞行员，为我国培养了三百多名空中抗日民族英雄。1941年，驼峰航线开辟后，美国空军基地司令部进驻机场，威尔中校任司令，负责指挥西南地区空运及对缅甸日军的空中防务，辖美空军第十四航空队的第25战斗机大队和第23运输机大队，有各类飞机两百余架，驻场美军高峰期达三千余人。当时云南驿机场最繁忙的时候平均每两分钟就有一架飞机起飞或降落，成为当时国际上最繁忙的机场之一。在机场附近还有美军招待所，所内分设美军和中方两个办公室。美军所需的物品由中方提供，还有航空38站、守备团、宪兵队、高射炮连及为机场服务的医疗、飞机检修、油料供给、运输等各种机构，中方人员达四千多人。云南驿一度称为小纽约，在过往美军心目中留下了深刻的印象，同时也留下了美军的各种遗物。云南驿机场在"二战"期间为抗击日本法西斯，保卫滇西及东南亚作出过巨大贡献。

今天，云南驿机场仍然较完整地保留着机场跑道和二十多个机窝（飞机掩体）。由于该机场在抗战时期的重要作用，当时的许多重要人物都亲临云南驿，如蒋介石及其夫人宋美龄，飞虎队将军陈纳德，中国战区参谋长史迪威，中国远征军司令官陈诚、卫立煌等。飞虎英雄罗伯特、莫尼中尉就是从云南驿机场起飞反击日本飞机而英勇献身的国际主义英雄。

飞虎队 飞虎队是由陈纳德将军组建的一支有三百多人的美国志愿援华航空队——"中国空军美国志愿航空队"，

其标志是一只从代表胜利的"V"字中飞扑而出的孟加拉国虎。俏皮幽默的美军飞行员，还将机头彩绘成鲨鱼的样子，让视鲨鱼为触霉头的岛国日本法西斯分子闻风丧胆。飞虎队从美国前往中缅印战区，参加对日作战，保卫滇缅公路。他们在战斗中屡建奇功，以损失 500 架飞机的代价，共击落日军飞机 2600 架，击沉或重创敌人 44 艘军舰、223 万吨商船，击毙日军 66700 人，成为传奇式的英雄群体，在中国家喻户晓，赢得"飞虎队"的美名。

高炮连、警报台旧址 高炮连、警报台旧址位于云南驿村白马寺山白马寺内。

1942 年 4 月，国民政府航空委员会总监部云南防空情报所第三无线电总台由瑞丽县垒允撤至祥云，总台设在云南驿附近的一个村，下设报务、机务、总务、经理、人事五股，秘书、副官二室。共有收发报机各 12 部，人员三百余人，分布在滇西及中缅边境一线的下属支（分）台 91 个，人员六百余人；担负滇西空中、地面情报搜索及报告任务；直接服务于云南驿机场美国空军 25 战斗机队、32 运输机队和国民党航空 38 站。白马寺成为守护云南驿飞机场的高

1	3	4
2		

1. 飞机场上停留的飞机
2. 飞机场
3. 飞虎队部分成员
4. 飞虎队员将飞机彩绘成大鲨鱼状
（图 1~4 均由"二战"中印缅战区交通史纪念馆提供）

炮连和警报台驻址。炮位设在白马寺山松树林中，警报台分布在白马寺周围，寺中设有观察台，遇敌机来空袭，白马寺的警报就拉响，发出防空警报，高炮连进入战斗准备。高炮连和警报台于 1945 年 9 月撤离。

国民政府航空委员会空军航空学校旧址 国民政府航空委员会空军航空学校设在钱家大院，云南驿村西端。1938 年国民政府航空委员会空军航空学校搬迁至云南驿，举办第十三、十四两个初级班，培训学员三百多人，钱家大院成为航空学校初级班上课和住宿的地方。现为钱家后代六七家人居住。

周家箐万人坑 周家箐万人坑位于云南驿镇北溯村周家箐。

1940 年至 1944 年期间，云南驿机场屡遭日军空袭。

1 | 2
—
3

1. 白马寺
2. 钱家大院曾为国民政府航空委员会空军航空学校旧址
3. 周家箐

二战中的云南驿

中国名村·云南·云南驿

日机常常突袭于警报未发之时，其阵势往往是攻击机在上，轰炸机在下。轰炸机轰炸后，攻击机轮番俯冲扫射，轰炸范围内的人们惊慌失措，生死未卜于瞬息之间。在云南驿机场上开展扩修工作的民工，来不及解脱搭在身上的粗大绳索，便永远倒在了工地上。罹难的民工尸体成片地堆在机场上，家在附近村庄的一些尸体被各家各户认领，来自巍山、大姚、姚安等几个县的民工尸体迫于当时的窘境，无人认领。这些死难的民工，由十多辆卡车拉运至北溯周家箐掩埋，每辆卡车跟着搬运装卸的民工就有七八人，每辆拉运十多次。开始搬运装卸时多是二三十具尸体一车，后来是五六十具尸体一车。每次空袭后无人认领的民工尸体都掩埋在那里，人们不知死者姓甚名谁，言此地为"万人坑"。

国民政府军政部二十三临教院 国民政府军政部二十三临教院旧址位于云南驿村西南部（现水口部队内）。

1945 年，中国驻印军第一、第二两个休养院，由印度回国后，合编为第十一休养院，同年又改编为军政部第二十三临时教养院，进驻云南驿。先后由上校王玉钻、赵海朝任院长，下设四股、一室和八个伤员队。均由校级以上军官担任股室长。总务股辖军需、书记、副官三个室，管理全院粮饷、被服、来往公文、人事调派和杂务事宜。管教股负责伤员队的军风、军纪、军教；诊疗股负责全院卫生治疗事宜；工艺股负责对伤员进行工艺品制造技术学习的工作。班训室负责全院伤员政治训导和文化教育。为了不断适应武装斗争的需要，尽快建立滇西人民自卫团后方医院，李鉴洲积极对该院中队长魏荃友和医疗股长许秀亭做工作，争取他们起义。1949 年 4 月 8 日，魏荃友率领官兵六十余人，在环克昌带领武装接应下宣布起义。次日，医疗股长许秀亭又带领部分医务人员、医疗器械及药品到

达下庄街祥云分委机关，以此为基础建立自卫团的后方医院，部分官兵组成湘江中队。

云南驿飞机场机窝 云南驿飞机场机窝分布在云南驿飞机场南北两侧。

抗日战争爆发后，1942 年夏，日军切断了滇缅公路的运输路线，陆地上的运输被迫终止。中美两国政府被迫开辟从汀江和阿萨姆邦到中国云南保山机场、祥云云南驿机场、昆明巫家坝等机场的空中运输线——"驼峰航线"。云

1/2

1. 水口部队驻地
2. 机窝近景

南驿成为该航线的中转站，陈纳德的中国空军美国志愿援华航空队——"飞虎队"就驻扎在云南驿。位于云南驿飞机场周围的田野中建有二十多个飞机的掩体——机窝。机窝为地形建筑，靠挖运土方堆积而成，"机窝"呈"U"形马蹄状，进深五十余米，宽三十余米，高约十米。现闲置，被老百姓开垦种植粮食作物。

国民政府航空委员会 38 站航空学校　国民政府航空委员会 38 站航空学校旧址位于云南驿古道中段岑公祠。

岑公祠始建于清康熙年间，原为昆明至大理官方驿道的重要驿站，清咸丰年间云贵总督岑毓英曾多次在此驻扎巡视，后此处立岑毓英生祠，被当地老百姓称为岑公祠。

1937 年，国民党航空委员会空军学校由洛阳、柳州两地迁至云南驿，在岑公祠设空军学校云南驿初级班。先后培训第十三、十四两期飞行员三百余人。该校历任空军学校云南驿初级班主任为蒋学奎、徐康良、范佰起、胡克伟四人。

1941 年，日军派飞机轰炸云南驿，学校迁往沾益，校址归航空 38 站。后设国民党中央军事委员会战地服务团，分设美军和中方两个办公室。美军所需物品先由美方向中方交涉后，中方按美方需要负责提供。中方办公室最高负责人为主任，历任主任为陈虎山、余兆林、王津、潘守生、周世等五人。1941 年至 1943 年，中美联军开辟了著名的"驼峰航线"，在云南驿扩修建了机场，作为"驼峰航线"的补给站。岑公祠作为抗日战争时期飞虎队的战斗基地和中美航空学校教员驻地及战地临时指挥所。1945 年随美军撤走而撤销。

滇缅公路云南驿段 滇缅公路，今名昆畹公路，属国家 320 国道。滇缅公路其建设过程分东、西两段，东段由昆

1 2
  3

1. 机窝
2~3. 岑公祠

明至下关，长 411.6 公里，于 1924 年 6 月开工，1935 年 12 月通车，历时 11 年；西段由下关至畹町，长 547.8 公里，于 1937 年 12 月开工，至 1938 年 8 月通车，历时 9 个月，路经祥云地界长 72 公里。祥云县义务或半义务为修建滇缅公路出工达 118.8 万个工日。

从云南驿通往缅甸，路面为土路，全长六百多公里，路面凹凸不平，运输十分困难。抗战爆发后向东南亚地区运送物资，为适应战争需要于 1937 年进行维修改造，因通往缅甸而称为滇缅公路（又叫史迪威公路）。维修改造后的滇缅公路，主要运输抗战所需要的军用物资及弹药。在公路上过往的车队有"大道奇"、"万国"等美式吉普、大卡车。每天经过云南驿运输物资的车辆上百辆，每天从云南驿机场运送出去的军用物资有数百吨。现云南驿村东出口至今还保留着八百多米长的一段老滇缅公路。

航空 38 站军械股 航空 38 站军械股旧址位于云南驿古道北侧关圣宫。1930 年，国民党航空 38 站随飞机场修建而成立，下设机械、油料、总务三股和书记室。直属单位有养场大队、医务室、运输队、航空转运站，附属单位有机场守备团、宪兵队、高射炮连。负责机场的修建、扩建、

2
1 · 3 · 4
1. 停留在云南驿公路段的运输车
2. 关圣宫
3. 将输油管输送来的油料运走
4. 运送
（图 1、3、4 均由"二战"中印缅战区交通史纪念馆供图）

保卫、养护、空运高度及驻场各部队的协调等工作，关圣宫是当时的军械股、总务股驻地，1949年撤离。

中印输油管路云南驿段 中印输油管道又称中印输油管路，沿滇缅公路架设，由印度加尔各答至云南驿，全长三千多公里，抗日战争结束后被毁。

1944年为保障云南驿机场用油，美国在云南驿设油管工程处，架设铺通由印度加尔各答至云南驿的中印输油管路。当时这条油路称为"动脉血管"，输油管路承担着滇东南各机场、汽车运输队的用油任务。在滇西及东南亚战区起着十分重要的作用。1945年随空军司令部而撤离，输油

管路及设施随之废弃。

战地救护红十字医院 位于云南驿村北的战地救护红十字医院，当地人称红医院，1941 年，太平洋战争全面爆发后，美国陆军第十四航空队驻云南驿后，中美双方共设的战地救护医院，它负责救护医治从龙陵、腾冲战场转下来的伤病员和在日军敌机轰炸云南驿机场负伤的中美军政人员，当时美国空军少校布什医生任红医院院长，在医院工作的有很多美国军人身兼医护人员，其中在红医院里唯一的中国女护士叫黄欢笑，被飞行员称为"驼峰天使"。

云南驿飞机修理第五修理厂 抗日战争时期，祥云修筑云南驿飞机场，1941 年下半年，祥云机场进驻飞机，成立航校初级班，培训飞行员。随之，在板桥村的一个山箐内建立飞机修理所（厂），三面环山，离滇缅公路三百余米，地形隐蔽，交通方便，整个厂占地约六十亩，盖有修理飞机的大棚房，有各种修理车间（十余幢房子）四五十间。

修理厂的名称叫"云南驿飞机修理第五修理厂"，修理厂设有办公厅，及装备股、机修股、白铁股、木工股等。办公厅负责整个厂的行政管理，修理、后勤等工作。办公厅外设有一个守备连，负责警卫工作，安有报警器。机修

股主要从事飞机检修工作，它的车间较大，能容纳三架飞机。

整个修理厂共有五百多人，技工大部分是上海、浙江、安徽等地来的，赵适然家的"中山室"还住有英国人和美国人。当年，修理厂已点上了电灯，村中有路灯，搭有戏台，周围住户门头上安有绿铁皮做的门牌，上有"A××号"标志，被称为"小纽约村"。

1945年9月，日本投降后，第五修理厂撤到重庆，后又到上海，美军人员把剩下的炮弹、子弹进行销毁，还把子弟小学的课桌一百余张给了村里。后由机场空军38站来处理和接管相关事宜。新中国成立后，空军38站也撤走了，该飞机修理厂移交地方，后划归祥云县粮食局，设"板桥粮管所"。现名为祥云县粮食储备公司板桥直属库。

云南驿飞机修理第五修理厂为滇西抗日战争的全面胜利发挥了积极作用。

国民政府航空委员会航空38站爷爷山电台　国民政府航空委员会航空38站爷爷山电台位于高官铺村南边，建立于1940年，占地大约二百平方米，建有三间瓦房。从电台通往云南驿机场是一条宽敞如长龙的弹石路。电台位于爷爷山顶正中心，云南驿机场的情况汇报和上锋的指令都从

1　2

1.原址附近新建的部队医院（红医院已毁）

2.用于拍摄影片的样机

曾经使用过的通信设备

这里收发，在抗战中起了"顺风耳"的重要作用。电台四周大约有一个连的人保护，保护人员的住处是帐篷和油毛毡篷，进出都有暗号，通行人员必须持通行证，白天当地百姓可以在界桩外放牧、生产，晚上就不许任何人存留来往。电台下五百米处，本地称"小古山"李文广家大院里，设有一个医院，专门为电台人员看病吃药场所，本地的老百姓也可以看病就医。医院内设有主科医师、药剂员、护士，机场上有重病的还来这里住院疗养，并且在医院的南边还设有一间太平间。医治不好的人员按他本人的遗嘱安葬，现在爷爷山顶下边还有被称做"团坟"的地名。后来由于形势的发展，电台撤走。1964年又重新在原址设立电台，后于1983年撤销。

国民党航空38站组装飞机四工厂位于高官铺村（320国道北侧），代号四工厂，属原云南驿机场系列，是国民党航空38站组装修理飞机（主要是教练机）的地方，始建于中华民国三十一年（1942），占地3600平方米，建筑面积达700平方米，此厂是专门用于组装飞机的，组装好后送往云南驿飞机场。

组装飞机厂的地方建有二十多间民房，靠北一幢平房是修理装配车间，两边大门南侧三间高大宽敞的平房是停放装配测试好的飞机（等运）的。外侧墙脚钉有一棵大铁桩，是栓飞机试机用的。该村二组村民陈松权系该厂的空军机械师（现已故）。日本投降后，飞机被转移到昆明，修理厂也就不存在了。

修理厂原址于1948年被本村作为公房，成立高官铺小学，当时学生称为"童子军"，由本村李松等人担任教师，全校办有五个班级。土地改革时期，工作队曾在里面办过公，开展减租退押运动。

第三工程处 第三工程处遗址位于高官铺村南边。1934年，专为修建云南驿机场而设立的工程处，下设工务科、出纳科、总务科、医务室、人事科、专员科（美国专业人员在地下室工作）、会计科、晒图室、机核室。另外有12个工区，分别住在陶继祖户、俞荣芳户、陶泽舜户等家中。凡属修飞机场的民工的务工费，包括各小区的开发，都必须到财务科办理领取。每隔两三天省工程总处财务处都送

高官铺小学

款来。平时在吊楼的上下路口，每边窗子门边都有一挺机枪，凡到下午，保卫人员都要在四合院的内外，四周巡逻，严防土匪、强盗的抢劫。该工程处是整个云南驿修建机场总指挥中心，飞行人员的调度、人事安排都由人事科办理，收支都由财务科办理，对保驾护航起到了很大的作用。

飞虎雄鹰莫尼中尉 1991年10月30日，一位满头银丝的花甲老人万里迢迢地从大洋彼岸美国来到云南驿，寻找半个世纪前为了支援中国人民的抗日事业而长眠在云南驿这片热土上的亲哥哥莫尼中尉。她就是莫尼中尉的胞妹伊娜·丽·代维丝女士。

1942年月12月26日下午3点多钟，七架日机轰炸云南驿机场，"飞虎队"起飞迎敌。由于机场跑道条件只允许单机起飞，飞虎队员莫尼中尉率先驾机冲向敌机群，向日机猛烈扫射，击毁敌方领队飞机，但自己的飞机被日机击中，机身中弹起火，而另一架敌机却迎面冲来。他临危不惧，毅然冲向敌机，在撞断敌机机翼后，自己的飞机摇晃着向祥云县城坠落。为了避免飞机冲击民房和人群，他用力操控受了重创的飞机滑过县城上空。由于失去了必要的跳伞高度，当他从火焰中弹出机舱的时候，与地面太近降落伞还没有完全打开，落地时受到剧烈震荡而受重伤昏迷不醒。附近的老百姓将他抬到博爱诊所抢救，终因伤势太重无法救治身亡。这位来自美国堪萨斯城的小伙子，牺牲时年仅22岁。

莫尼中尉纪念碑 莫尼中尉纪念碑位于清华洞山顶。祥云人民为了纪念莫尼中尉英勇献身的国际主义精神，在风景优美的清华洞花山建立"莫尼中尉殉职纪念碑"。原莫尼中尉纪念碑用青石打制，座底为四方形，碑身顶上为五角星，碑身正面刻着"美空军莫尼中尉殉职纪念碑" 12 个大字，字体为隶书，书法甚佳；左侧为立碑时间"民国三十二年（1943）七月十三日"，右侧为"祥云民众立"，字体为楷书。原碑碑座已毁，只留碑芯。为永远缅怀这位保卫祥云县城人民生命财产而英勇献身的国际友人，祥云县人民政府于1992年10月29日在清华洞山顶照原样重建了纪念碑。美国政府驻成都领事前来参加揭碑仪式。

1994 年莫尼中尉纪念碑被列为祥云县爱国主义教育基

1	3
	4

1. 高官铺村南侧
2. 莫尼中尉纪念碑
3. 莫尼中尉的父母查勒斯·亨·莫尼夫妇
4. 抢救过莫尼中尉的董齐元先生和妻子苏琼华女士
（图 3、4 由"二战"中印缅战区交通史纪念馆提供）

1944年的黄欢笑（云南驿文化站提供）

地。每年清明节，一些学校、机关都会到莫尼中尉纪念碑前扫墓，缅怀英雄。

驼峰天使黄欢笑 黄欢笑（1912～2007）出生于广东新会，四岁时全家移居澳门。她曾就读于香港玛丽医院高等护士学校，毕业后被聘为"英国皇家护士协会"会员。1941年12月14日，香港沦陷，在九龙医院工作时，黄欢笑目睹了日军烧杀奸淫的兽行。1942年，黄欢笑毅然响应宋庆龄的号召加入"中国同盟救护"组织，志愿到内地参加抗日，从香港转道澳门，历尽艰难险阻，辗转来到云南红土高原，被分配到美国空军飞虎队医院——云南驿战地医院中担任护士。黄欢笑是当时整个医院三十多名医护人员中唯一的中国人和唯一的女性，她被誉为驼峰航线上的"驼峰天使"。

驼峰航线上战事惨烈，据黄欢笑女士回忆，几乎每天都有运输机和战斗机飞行员负伤被送到这个前线医院，经过紧急包扎和抢救之后，重伤者才被送往昆明的后方空军医院。虽然当时医院条件非常简陋，只有几间平房，大多是抢救室和病房，多数医务人员则住在简易帐篷里，但对那段历史，黄欢笑女士评价道："在美军医院工作的那几年，是我一生中最值得纪念的日子。虽然非常危险、劳累和艰苦，但我们每天都在救护前线下来的受伤英雄，每天都等待着打胜仗的好消息。"黄欢笑在圣罗撒女子中学读书时有了英文名字"Rita.Wong"，在美军医院，人们都喜欢叫她"丽达（Rita）"。作为一名最前线的护士，黄欢笑目睹了这些驼峰航线战士为这条国际航道所洒下的鲜血甚至付出的生命。她救护了难以计数的帮助中国人民抗日而受伤的美国士兵，并与他们结下了深厚的战斗友谊。许多飞行员都很感激她的照料，康复临走时，都恋恋不舍，有的甚至哭了。2002

年，黄欢笑在儿女的陪伴下，回访了家乡澳门，游历了欧洲，走过法国、德国、比利时、荷兰几个国家。当地媒体报道了这位传奇般的老人。她的经历尤其是关于战争的故事，引起爱好和平、反思战争人们的瞩目和尊重。有报纸称赞："感谢她把对和平的向往、对城市的爱，从亚洲带到欧洲。"

通过以下几则黄欢笑的回忆，我们依然能看到当时中美人民在惨烈战争中结下的友谊，以及对和平的向往和祈盼。

尽量细心以减少伤员的痛苦

"我的工作主要是清理伤员的伤口，我尽量细心以减少伤员的痛苦。有的人伤得很重，我就用剪刀把他的衣服剪开，将伤口抹干净；有的骨折了，不能翻身，我帮他按摩，使伤员不会因此生褥疮。当时没有上下班的概念，几乎 24 小时都在工作。"

我还能飞吗？

飞虎队战士都非常可爱，当他们血肉模糊、缺胳膊少腿的从前线被抬到医院时，没有哭泣，即使她替他们擦洗伤口的时候，他们还要问："我还能飞吗？"她懂英文，能与他们交流。在替他们疗伤时，她才知道，他们很多都是稚气未脱的学生，也有银行家、音乐家和农民。

腿没有白费

她记得有一位受伤小战士一条腿被锯了，他才 21 岁。每次为他打针时，她都伤心欲绝地忍不住掉眼泪，这个美军小战士反过来安慰她，说他的腿没有白费，他打落了三架日军飞机，等战争结束，他会回到美国

　"二战"中的云南驿

做一个残疾小提琴手，说着，便拿出从美国带来的小提琴拉给可爱的"天使"姐姐听，听得黄欢笑抱着这个小战士痛哭。

炮火硝烟中的友谊 战争将世界各国联系在一起，云南驿通过"驼峰航线"与世界联系在了一起。随着飞虎队的到来，云南驿办起了"纽约餐厅"、"美国红医院"，这里成了异域文化的短暂聚落。据说当时寄往这里的信只要署"中国云南驿"就能准确送达。至今村里曾在这些部门工作的几个老人还能讲几句地道的美式英语哩。

来自大洋彼岸的飞虎队与当地百姓的相处是融洽和真诚的。飞虎队员的皮夹克上背一块白布，上面印："来华助战洋人，军民一体保护。"以使他们在危险无处不在的情况下能得到无处不在的帮助。高原上的农耕民族，为了照顾这些金发碧眼西方人的饮食习惯，甚至慷慨地献出了自家的耕牛。据村里一位李姓老人讲，在一个冬天，他的父亲蹲在田埂上观看飞虎队训练，一个穿皮衣的教官模样的美国人朝他走来，脱下皮衣直往他身上披，他推辞着，美国人坚持着，都各自说着对方听不懂的理由……

1943年中美各界人士合影留念
（郑允昌老师供图）

红军长征过云南驿 1936 年 4 月，中国工农红军第二、六军团兵分两路进军滇西，其中，由贺龙、任弼时率领的红二军团于 4 月 17 日傍晚掌灯时分抵达云南驿，18 日早上 10 点多钟离开云南驿。

在那种动荡的年月里，兵就意味着战乱。乡亲们由于不明究竟，加之一些反动宣传误导，起初对红军的到来有"畏惧"心理，有人躲进山里，有人不敢乱说话，"畏"而远之。而正是红军的作风、言行和真诚的正面宣传，让乡亲们放下心来，亲而近之，端汤送药，冒着危险掩护伤病员，与红军结下了深厚情谊。17 日晚部分红军伤病员在多数村民家住过，在杨树兴家住宿的红军还把一匹驮马送给主人。村民余善义等还安葬了因伤死亡的红军战士李厚德，并珍藏着红军的一只红口缸。

当红军长征经过祥云时，祥云有七八百（又说一千余）人参加红军，其中云南驿有钱家庆、李春茂、袁文彩、钱开栋等十多名青年参加红军，随着革命的队伍在战火中挺进，爬雪山，过草地，经过艰苦卓绝的斗争，谱写了壮丽的历史篇章。他们大多数人在过雪山草地、抗日战争和解放战争中为中国人民的革命事业献出了宝贵的生命。

红军长征过云南驿遗址

中国民间
文化遗产
抢救工程
THE PROJECT TO CHINESE
FOLK CULTURAL HERITAGES
SOS

节庆民俗

中国民间
文化遗产
抢救工程
THE PROJECT TO CHINESE
FOLK CULTURAL HERITAGES
SOS

云南驿村历史上曾经是白族先民的家园，明代以后，大量汉族移民进入，他们与当地少数民族和谐相处，表现在节庆习俗中既有典型的汉族色彩，又融入了许多当地习俗。

节日

春节 俗称过年，节期从农历腊月三十至次年正月初八。进入腊月，家家户户杀年猪、塞香肠，腌制火腿、腊肉、骨头生、腌菜、卤腐等过年食品。上街采购年货。到腊月二十三左右，则清洗衣被、家具、粉刷墙壁，祭灶君、备青松毛等。腊月三十上午家家户户打扫庭院，下午杀鸡、烀猪头肉、煮鱼（喻为年年有余），祭祀祖先后，合家团圆吃年饭。年饭筵席特别丰盛，除猪、鸡、鱼、牛肉外，还要有芋头煮白菜（喻为清清白白）、青蒜苗（喻为生产生活有算计）。年饭毕，贴对联、门神后，堂屋内摆上一桌糖、水果、瓜子、核桃、松子等食品。旧时全家人在一起边款白话边嗑瓜子，包红包给老人、小孩做压岁钱，守岁；如今，

全家人在一起边嗑瓜子边看电视、边款闲话，家长包红包给长辈、小辈做压岁钱，守岁。守岁的时间一般守至腊月三十晚的十二点后，接着举行鸣放火炮、用红纸条封围房前屋后的树木及房门仪式。

次年农历正月初一天刚亮，各户家庭主妇必须早起挑水回家（俗称抢头水、逢好运），烧青香、献敬茶供奉祖先；男性则手拿火炮，口讲吉利之语，拆掉封条，打开大门，燃放鞭炮（俗称开财门）。清晨，在堂屋里撒铺青松毛。全家

	2	3	
	4	5	7
1	6		

1. 年货
2. 驴肉汤
3. 酸豆
4. 红椒炒腊肉
5. 千张肉
6. 红苹果
7. 春联（杨建伟摄）

云南驿

中国名村·云南

人都起床洗漱后，均喝一杯糖泡米花开水，喻为来年生活甜甜蜜蜜。正月初一这天，民间大多数农户只吃素，不吃荤，早餐蒸一甑糕（称年糕），意为来年遇事高高在上。吃过早饭，全家人都去观花灯、游景点。初二至初八则为拜亲访友的日子，有的农户拜亲访友的时间则到正月十五日。

元宵节 节期为正月十五日。这一天，民间农户的早饭、午饭以猪、鸡、鱼肉为主菜，晚餐吃过用糯米面、糖、核桃仁包煮的元宵（俗称汤圆）后，则去观花灯。多数龙灯队、狮灯队，从正月初一唱至十五日这一晚后，还要杀鸡、烧香纸举行卸灯仪式，意为"玩灯"活动结束，农事开始。

清明节 清明为扫墓祭祖节日。以农历清明前后十天为期，新坟前十天内扫祭，旧坟后十天内扫祭。扫祭日一般邀约家族长者、亲戚朋友，拿上炊具到坟山祭祀祖先，为祖墓烧纸供物、添土培修。野餐毕磕头、烧香纸后返回家。

凤凰山的墓葬

清明节期间，有的农户还给祖先和逝者立碑，以示纪念。

端阳节 节期为农历五月初五日（俗称端午节）。祥云民间过端午节，多数农户都要在门头上悬挂菖蒲驱邪，早饭以食粽子、包子、芽豆、煮鸡蛋等食品为主，家长给儿童脖颈上、手腕上戴红、黄、蓝、绿、青五色"花索线"、"拴魂"，以示吉祥平安；下午相约到野外散步"游百病"，意为消除百病，同时采集路边、田间野草，称"斗百草"，并带回家煮汤为小孩洗澡防病。

火把节 云南驿居民火把节节期为农历六月二十五日。是日下午，家家户户都要杀雄鸡、买酒菜备酒席祭祀田地。饭毕，将儿童脖颈上、手腕上、脚踝上的花索线解下来拴在火把上，傍晚将其点燃，举着到院子里、房屋里、田地里通照一遍，除燎田地、燎作物、燎屋子祈求粮食丰收、家庭平安外，带领孩子的男人或妇女还要抱着小孩跳过地

烧火把

烧包

上熊熊燃烧的火把，祈求小孩健康成长。青少年手举火把在村间巷道、路旁或广场尽情戏耍，直至火把燃尽为止。多数女孩还习惯用茜草包染红指甲，增添情趣。

中元节 俗称七月半，节期从每年农历七月初一至十五日止。进入七月初一，家家户户都要在"家坛"上摆设新鲜水果、糖果、糕点等供品接祖，并从即日起一日三餐均先盛饭菜、备酒茶到"家坛"祭献祖先后，向门外倒浆水饭，之后全家老幼才能享用。至农历七月十三、十四日为送祖日。送祖日这天，各户都要做丰盛的酒菜敬献，并在送祖专用纸袋上填写亡者的姓名，将纸钱装入袋内封好烧化，俗称"烧包"。年内有老人去世的人家，农历七月十三日这天称"烧新亡"。"烧新亡"较为隆重，主办者要备办数桌酒席，招待三亲六戚前来悼念、送祖的客人。农历七月十五日为"烧老亡"，各家为祖先烧完备好的纸钱、做毕祭祖仪式后，即为当年送祖结束。

中秋节 又叫八月十五团圆节。农历八月初十左右，各家各户都要用早已备好的上等麦面及菜油、糖、芝麻做月饼，俗称打饼子。民间多数农户做的月饼，厚度在两三公分，直径达二十五六公分，小月饼直径达十来公分，色、香、味俱佳，每户都要做大月饼七八个，小月饼数十个。同时还要采购一些外地生产的火腿月饼、豆沙月饼及核桃、板栗、瓜子、水果等食品。待八月十五日傍晚月亮从东方升起时，家庭长者将月饼、水果等食品放在圆形的托盘内向东方及祖先敬献后，全家人围坐在一起赏月亮、吃月饼，有的还要煮一盘青黄豆荚（大豆）享用，共庆团圆，共叙社会及家庭的发展变化。

重阳节 又叫"九九"敬老节。传说，汉代桓景随易学大师费长房游学多年。一天，费大师对徒弟讲，九月九日你家要遭大难，你得赶紧回去，让家人插上茱萸，到山上去避难。桓景及家人因听从师言幸免于难，而未及撤离的家畜全部患瘟疫而死亡。故每年农历九月九日人们外出登高，躲避灾难，相沿成习。改革开放后，政府将农历九月九日定为敬老节。"九九"敬老节一般由行政村或自然村组织开展活动，即召集本村六十岁以上的老年人座谈、宣讲党的方针政策，观看文艺演出，表彰敬老养老的好儿女、好儿媳，给老年人发一份糖果等，以示节日慰问，倡导敬老养老的好民风。

冬至节 全年二十四节气的冬至日为"冬至节"。这天，民间都以糍粑、糯米饭和蜂蜜为主食，且有"冬至大于年"之说，成年妇女还有整天不串门的禁忌。

婚俗

相亲 青年男女自行或经别人介绍认识相处一段时间，相互满意后，女方家长即择日邀约亲属到男家看其住房、家庭环境及摆设，了解经济状况，同时初会未来女婿，视其仪表、待人接物能力。男家则处处小心，设小宴招待，不管女家满意与否，均送来客毛巾、袜子、糖果等小件礼品。

提亲 相亲后双方满意，便由男家请媒人，带糖果、茶、酒等礼品到女家提亲，同时讨回姑娘生辰八字，交男家与儿子生辰相合，称"合八字"。男女青年因所谓"八字相克"，在家长强迫下放弃恋爱关系的事也时有发生。

订婚 如"八字相合"即议定日期，由女家邀约亲友多人到男家，由男家设宴招待，除给女家订婚钱外，还给女方来人每人一件礼物，也有给现金的。至此双方婚姻关系即基本确定。也有男家到女家订婚的，但经济开支多由男方承担。

送彩礼 彩礼一般以货币形式赠送，多则上千元，于婚期前一月送至女家，数额尾数需有四、六两数，取其"事

事禄禄"含意。送彩礼后男女双方便到法定机关登记办证，并由男方给女方数百元钱购买衣服，称"登记钱"。婚前一天男家需送给女家一定数量的肉、米、盐等物品办喜事用，或送数百元"小菜钱"。

迎亲 婚期早晨由女方家办嫁客①，男方迎亲队伍在媒人带领下到女家就餐，女家待客完后方准备上路。新郎需逐一叩头或向岳父岳母作揖请求准行，邀女方主要亲属送亲。新娘穿红戴花，向祖公堂及父母跪拜辞行。尔后唢呐在前，新郎、陪郎、新娘、女傧相紧随。男家的迎亲人员挑、

注：
①嫁客：是指当地女儿出嫁而举办的客事。

1 | 2

1. 筹办婚宴
2. 新人

抬嫁妆紧跟，送亲老幼殿后。队伍前后相连百余米，热闹非凡。进入男家门口，公婆早早避开，由一老妇人烧纸符，称"退车马"。尔后，新郎、新娘争先入洞房，抢坐床铺或站于墙下，意寓谁抢先谁将成为夫妻生活中的强者。下午男家设宴待客。新郎、新娘成双逐一为所有客人敬喜酒，晚上青年伙伴闹房，分食新娘陪嫁来的糖果瓜子。次日早男家继续宴请自家主要亲属及女家新亲，岳父母需女婿亲临候请。饭前新娘给客人传喝一杯姜、糖煮的茶水，称"传汤"，再给男方直系亲属的全部及旁系亲属的长辈每人送一双自己做或买好的鞋子，多为公婆加毯子一条，新郎加衣服一套。受传汤或送鞋的男方亲属长辈需同时当众给新娘小费，作为新娘私房钱。

回门 三天后回门，新郎陪新娘回娘家双双拜见父母，当天日落前返回。七天后，新娘在新郎陪同下用私房钱买回柴、米、盐、肉等少量生活用品及食品，表示能作为正式家庭成员操持家务。

谢媒 婚后七天内，新郎、新娘带上衣服、红糖、糕点、酒、布等物品到媒人家感谢，媒家一般都留住吃饭。

人死后，立即搬停堂屋，分头向死者亲属报丧，称"赶死"，同时，请风水先生择时入殓，升棺于高桌置堂屋正中。子女、儿媳、女婿分男左女右，席地坐于两侧守灵，孝眷均穿白衣、披白孝。堂前贴白纸对联，挂黑纱、扎花布置。棺前供糖果、点心等七种食品。直至出灵均由道师随时超度。村邻亲朋及相熟知情者自行拿香到灵前吊孝，称"问香"，孝眷均还跪礼，吊客至门往往先放炮，亲者送上用被面或布匹做成贴有吊念死者语言的祭幛，挂于灵堂两侧。出殡前请地师选坟地、择坟向，一般三日后出殡。出殡日办宴席谢吊客，出殡时间多半为下午三至四时，起棺时孝眷绕棺、鸣炮，棺上置雄鸡，八人抬，称"举重"。送葬队伍，由一人领先撒买路纸钱，鞭炮鸣放紧跟开路；乐队、鼓、号紧跟，孝男捧斋饭、抱神主，行棺前，孝女哭泣棺后，其余人员相随，缓缓而行。遇过桥由长子伏于桥上，作象征性背棺。行至一定地点，孝眷跪拜，送葬队伍返回称"辞客"。孝子跟随抬棺队上山，下葬前用雄鸡冠血点坑，鸣炮，孝子先掩三把土，然后掩埋。次日全家复山，修整坟堆，敬献感谢山神。以往根据家境，部分人家五七、百日、周年念经超度，三年为孝满，再次隆重超度，称"脱孝"。

古村掠影

中国民间
文化遗产
抢救工程
THE PROJECT TO CHINESE
FOLK CULTURAL HERITAGES
SOS

诗人笔下的云南驿

作为古道上的重要驿站，云南驿经历了太多的过往。行走在驿道巷陌，一不经心或许就踏在某位诗人或将军的足迹之上。许多文人墨客在旅途中驻足驿站，或状物言志，或追怀历史，或阐发思乡幽情，或感叹世事艰辛，他们次韵、作赞、题壁，一唱三叹之余，为云南驿留下了宝贵的文学遗产。

　　李元阳（1497～1580），字仁甫，号中溪，大理人，明代云南著名的文学家和史学家，一代硕儒名宦，嘉靖五年进士，授翰林院庶吉士，历任江阴县令、监察御史、荆州知府等职。外抗倭寇，内抚黎民，刚毅正直，年方四十即辞官归故里，精研理学，著书立说，编纂的万历《云南

通志》是方志中的精品。作有：

　　　　过云南驿

　云南西汉郡，神鹿但传名。

　雨霁千山碧，川平一水明。

　断桥人揭厉，古垒戍零丁。

　泥淖盈衢路，蹒跚尽一程。

　天马山前渡，临流万倾澜。

　云霄迟倚桌，海岳任弹冠。

　纵寄山阴兴，何如渭水磻。

　五湖谁代长，别意是加餐。

2
1

1.云南坡

2.李元阳

杨应科 字时升，号顺庵，剑川人，明代万历癸酉（1573）举人。初任河南修武县教谕，升湖广湘潭县令，聘四川壬午科考试官。以亲老告休，从祀本州乡贤。在告老还乡途中作：

云南坡题壁
楚水黔山几度过，壮怀今尚未消磨。
潇潇三日群峰雨，记上云南第几坡。

骆问礼（1527～1608），字子本，号缵亭，明诸暨枫桥钟瑛村人。世宗嘉靖四十四年（1565）进士，初任行人司行人，继任南京刑科给事中。秉性刚方，行止高洁，遇事敢言，不避权贵。作有：

云南驿次韵
古道临荒野，栖迟几度行。

马疲犹识路，民瘠不知耕。

负担悬鹑市，樵苏度鸟程。

只宜衰鬟客，驰逐暮云平。

师范（1751～1812），号荔菲，字端人，别号金华山樵。大理赵州（今弥渡寅街）人，23岁时乡试中亚元。51岁时出任安徽望江县令。知识渊博，为官清廉，恤民爱士，有惠政。《清史稿》传中评道："公明慈惠，甚著贤绩，士民讴歌之"。著作宏富，曾刊刻行世35种，《滇系》76卷40册，闻名全国，被姚鼐誉为"史氏一家之美"。作有：

云南驿

山围湖一叶，云护塔千花。

渐觉乡音近，翻怜客路赊。

暖风融物态，流水荡年华。

谁念栖栖者，停车独忆家。

李於阳（1784～1826），始名鳌，字占亭，号即园，生于大理，长于昆明，为"五华五子"之一。清嘉庆

二十四年（1819）副贡，是嘉庆、道光年间云南著名诗人，著有《即园诗钞》、《苍华诗集》。李於阳于辛酉1801年回大理归葬先君，直到八年后1808年回乡扫墓，"凡道路所阅历，耳目所闻见，性情所感触者，均以诗纪之。三月往返，共得一卷，题其名曰《游子吟》，志有事也"。在途经云南驿的过程中，李於阳写下《云南驿题壁》，此诗不知题于驿站何处，读之，实能感受笔端饱蘸浓浓的乡愁。

云南驿题壁

长途风雨滞征鞍，无限情牵彼此难。

子慰亲心亲慰子，传书一样是平安。

路承熙　贵州毕节人。清宣统三年（1911）任云南县知事，民国三年（1914）卸任，民国五年（1916）重任云南县知事，民国七年（1918）调离。于1914年作《云南县竹枝词十二首》，壮云南县名胜风俗。今录与云南驿相关二首，可见云南驿居民百年前生活场面：

云南驿

腾永西来驿路通，荒原平衍绝蚕丛。

居民习尚敦勤朴，夜半机声课女红。

走夷方

十月霜高早涤场，一家聚首细商量。

春还冬去无多日，茶叶分来自夷方。

郭影秋（1909～1985）江苏铜山人，领导干部，善诗，有诗集《郭影秋诗选》行世。昆缅公路是通往滇西方向的

1 | 2

1. 木织布机
2. 古径危于悬（杨建伟 摄）

彩云满天

一条交通干线，对开发云南西南边陲、改善边疆交通的落后状况和巩固边疆有着十分重要的意义。修建这条公路时环境十分恶劣，条件异常艰苦。为了保证按时通车，郭影秋多次冒险深入筑路工地现场指挥，协调解决各种难题。1954 年 4 月，昆缅公路胜利通车。郭影秋怀着喜悦的心情，参加了昆缅公路的通车典礼，当他看到浩浩荡荡的车队装载着大批物资驶向滇西，各族群众载歌载舞欢庆通车的场景时，感慨地写下此诗：

云南驿

为修建昆洛公路，并参加昆缅段通车典礼，两年来四次经过云南驿。驿在祥云县境，传为汉武帝遣使觅祥云处。

徼月喜看天下先，云南驿上走年年。
晓风入鬓欺华发，宿雨漫山发杜鹃。

自有丹心红到死，那虞古径危于悬。

华清纵有神仙窟，蒲满归来不看山。

徐迟（1914～1996），现代散文学家、诗人、翻译家。1956年7月6日诗人途经云南驿，作《云赞》热情讴歌高原上的云彩。

云赞

一

你眼前是一座美术展览馆，

悬挂着大幅大幅的云彩，

大朵大朵的云彩，这样美丽，

你才恍然，你身在云彩中。

云彩是这样洁白，丰满，多姿，

更为了衬托那缓缓的飞翔，

后面有着深蓝色的天幕，

便像那云彩的舞剧"天鹅湖"。

二

在这四季如春的土地上，

在云南，千百种花开放了。

花固然好，云却也一样，

花开得像云，云却美得像花。

这儿，云既多得像走进花房，

又像名贵花朵的美丽夺目。

这天空是云彩的玻璃暖房，

这儿可见到品种最名贵的云。

在这花枝招展的土地上，
到了深冬也看不见白雪，
你忽然会觉得云多么像雪，
多么像高高的连绵的雪山。

太阳像射上了雪一样耀眼，
云是阳光最喜欢的娱乐场，
云是一个光明的居住处。
你跟我到云里去，承受光明。

邵燕祥（1933～　），浙江萧山人，现代诗人，1980年8月6日，途经云南驿，即兴作《云南驿怀古》。

云南驿怀古

我是历史，奔跑在古驿道上，多少星霜。
天天践着晨霜上路，
直跑到西山山影落在东山上。
清冷的星斗筛进马槽，
秦时明月汉时关，历尽兴亡。

奔跑过多少烽台瞭望，驿站荒凉。
荆棘蔓草，
长满了当日的迷宫阿房。
我叩问人民：秦嬴政，
怕不如一曲民歌寿命长。

驿道上，也曾有鲜荔枝飞驰而往，红尘飞扬。

古道悠悠

百姓长年陷身于水火，
而华清池四季温汤。
你早年曾是个有为的君王，
永远是如此行色仓皇，漏夜奔忙。
说什么关山难越悲失路，
负重致远的才是民族的脊梁。
从来草野高于庙堂，
莽苍苍，一万里关山风起云扬。

中·国·名·村··云·南·云·南·驿·

民间逸闻

张铁嘴拆字

　　云南驿是古驿道上一个小集镇，市面虽小但位置适中，商贾如云，游人如织。张铁嘴在这里摆摊卜卦才不久，就赢得人们相信，被称为"张铁嘴"。别看他又黑又麻，一张铁嘴却能说会道，他说起笑话来，逗得瞎子睁眼笑，哑巴都会跟着比手画脚呢。他最拿手的就是拆字算命。不管什么人只要写上一个字，他左瞅瞅右瞧瞧，凝神掐指一算，是灾是难，是福是祸，是忧是喜……他都给你说得头头是道。

　　一天大清早，他又进了云南驿小食馆，打算挂牌营生。他放眼四望，满眼的黄色，街道上，车路边，到处晃荡着荷枪实弹的老黄兵。"黄了，黄了，"他在心里暗暗叫着。今天看来就别想开张了。黄兵一来哪一个不怕惹祸，旅客商贾哪一个不怕惹事，躲都躲不及，哪有闲心来听你算卦拆字！

　　他正在犹疑是否趁早开溜另选地方，这时，走来两个大兵，一个冲他吆喝："去，去，去，你来凑什么热闹？"

　　"哎！我说老总，你说话可不可以客气点？我在这里设摊卜卦，讨点生活，碍着你什么事了？"

　　"军事重地，闲杂人员一律回避！"两个军人目中无人，

摆出盛气凌人的架势。

"哎——我说军士，食馆食堂只管食客吃喝，你我都是饿了找碗饭的食客，都可以堂堂正正来这里坐一坐，吃饭开钱嘛。怎么，一下子食堂就变成了你们的军事要地了？"张铁嘴的嘴就是铁，生来就不饶人。

"哟，看不出你这个又黑又麻的糟老头，嘴还这样硬，一开口就冲撞人。看来你是想尝尝火药的滋味了！"两个大兵口锋带刺，又是挖苦又是威胁。张铁嘴与他俩斗开了舌战，周围无事的人都围拢来看热闹。

"两位老总太不讲理了，"张铁嘴看到周围的人越集越多，他也想借机卖弄一下："常言讲得好，爹也黑妈也黑，养个娃娃锅底黑，三个肥皂洗不白。我是生得黑，黑成土锅底，这可是爹妈给的。我又是麻子，麻是麻成花生壳，这可是害天花落下的……这不是我张铁嘴作的孽。可我和你一样，都是爹妈生的心头肉。如果要换，恐怕你俩妈在一起倒贴三百两花银，我爹妈都不会换呢。"围观的人听了齐放声大笑，都被张铁嘴的话逗乐了。大家都钦佩他的胆识。

这时，一个当官的进来，瞪了张铁嘴一眼，大声吼道："你，你是干什么的？"

1 | 2

1. 集镇
2. 集镇上的腊肉摊

张铁嘴答道："报告长官，我专门为人拆字卜卦，讨碗饭吃。"

当官的说："看你这模样，能拆什么字，卜哪样卦哟？"

张铁嘴说："宋团长，不要门缝里瞧人——把人看扁了哟。"

当官的问："咦，你怎么知道我是宋……"

"我不仅知道您姓宋——"张铁嘴说："我还知道你病得不轻，正想跟你们白师长请假呢。"

宋团长听得心头一惊："咦，你怎么知道得这么清楚，你真能拆字卜卦？"

"测不准是我没本事，你砸了我的小摊子。要是我说准了你不听，那是你的造化。"张铁嘴越说兴致越高，声音也越响亮。

"好，拿纸来，今天我要亲自试一试你张铁嘴的三板斧是钢铸的，还是泥巴捏成的。"

张铁嘴从一个脏兮兮的皮口袋里摸出一个由铁皮制成的墨盒，一枝秃笔，将一张皱巴巴的绵纸细细展平，要他在纸上写个字。

连日来，神出鬼没的"土共"搞得他心惊肉跳，彻夜难眠，他多想找个医生，开服药吃吃呀，于是，他就在纸上大大地写了一个"藥"字，大声命令道："快给老子拆来！"

"长官是要我说实话，还是要听虚的？"

"我要你照实直说，不必掺假！"

"好一个痛快人，算命不留情，留情不算命！"

"你看这中间，两个'系'（师）在对全作战，中间夹着一个'白将军'。"

宋团长在一旁瞪大眼睛，他已忘记了点头附会。"白将军困守中央"这已是流传很广的说法，这事怎这么巧！宋团长在心里打着转。

"你看，这个木字——"

"木字又怎么拆？"

"这'木'本是'宋'。这宋字，指的就是忠于党国的您宋团长，只可惜形势所迫，眼下只能脱帽免冠了。"

"时局的发展真的是这样的？"这时，这位宋团长浑身上下都惊出了冷汗。

"大局已定，在劫难逃，这是定数，不可逆转了。"张铁嘴板上钉钉地说。

"你看，能否有化解之策？"这时，这位宋团长已经站立不住了，他手心里全是冷汗，瘫软地坐在一条木椅上。

"就看你如何出手！"张铁嘴说。

"好说好说。"宋团长也很知趣，他从衣袋里掏出一叠崭新的钞票来，恭敬地递给张铁嘴。张铁嘴也不忙去清点，顺手就将钞票塞进内衣袋里。他又划了根火柴，点燃了宋团长递来的一支香烟，有滋有味地深深吸了几口。

"烦请张先生赐教，若能让我有个转机，我会找机会来报答你的。"

"好吧，我给你两个字，转机就在其中了。"张铁嘴抓起秃笔，在宋团长写的"藥"字旁，大大地写了两个"六"字，并轻声说："宋团长，六六三十六计，走为上计。'当断不断，自陷泥塘'这句古话，请你三思速断。"

几天后，这位宋团长不吃不喝，病情越来越重。他托人向白师长送礼，辞官回家了。其实，辞官后他并没有真的回家，他想起了张铁嘴给他的"六六三十六"的生机，一直走向了深山里的水目寺，在那水目寺里当了个带发修行的和尚。人们背地里称他"团长和尚"。

原来，张铁嘴这个苦命出身的算命先生是一位中共地下党员，他按组织的分派，借算命侦察敌情并借机瓦解敌军。宋团长不是被神灵，而是被他的巧计吓得放下了屠刀。

不消我贴棺材钱

据传，清代中叶，云南驿村有户人家，男人于兵荒中出走，留下妻子和七岁男孩。小孩生性活泼、俏皮，其母因夫出走多年，杳无音讯，便忍受着寂寞，将思念丈夫之情一股脑儿倾注于爱子身上，只要儿子开心，除了天上的星月摘不下来外，尽皆满足。久而久之，其子养成了任性、固执、霸道的习气。

一日，其子与邻家几个娃娃一起玩耍，因伙伴们没有按照他的玩法，便吵了起来，吵着吵着，便动起手来。虽是娃娃打架，却也有几分厉害，直至鼻青脸肿，仍不甘休。

其母在家，听见外边娃娃吵架，丢下手中活计出门，见此情景，气得七窍生烟，忙把儿子拉起。儿子边哭边让母亲给他擦泪，哭声、泪眼、委屈可把母亲的心给刺疼了。母子呜咽着，回到家中。问其原由，儿子添枝加叶地诉说了一遍。其实，哪家的娃娃在母亲面前会说自己不对之处？全是自己有理。其母信以为真，看着儿子哭肿了的眼睛，揉脏了的脸庞，不禁疼自心中起，怒向胆边生。于是，拉起儿子逐户上门问罪。

母子俩的"征战"，使所到之家免不了门庭受辱，不堪入耳的叫骂声，调高嗓亮。母亲拿出看家本领，若谁家不让她的儿子打伙伴几下，就要死在谁家，直到为儿子出了气，方才罢休。

随着岁月的增长，其母的雌威也伴着吵闹的次数而逐渐名扬全村。儿子因屡战屡胜也就更加肆无忌惮，想咋做

就咋做。

　　一天，他独自在家门前的大路上玩，见村中一老者肩扛着拾粪的畚箕打路上过。这小子眉头一皱，抱起十来斤重的一块石头，轻脚轻手地跟在老者背后，悄悄地将石头猛地放入畚箕内。老者扛了满畚箕的粪，本来就够重的了，被这突如其来的重量搞得前手滑脱，畚箕猛然坠地，扛畚箕的小钉耙同时从肩上甩出。说来也巧，钉耙齿不偏不斜地落在了这小子的头上，顿时鲜血如注。老者见此情景，不知所措。

　　惊天动地的号哭声把母亲唤了出来。她见儿子满脸血污，急步上前，定睛一看，头上深浅不一的四个小洞，鲜血淋漓。老者边替孩子擦着脸上的血，边解释道："他嫂，

1 | 2

1~2. 嬉戏

古道童趣

是这样……"将事情始末概略地说了一遍。

"呸！哎呀，心肝、宝贝，你说，他为什么下如此狠心挖你？"儿子呜咽着说："我……我正在路上玩着，他……用钉耙来挖我。妈，我疼呀……哎唷！"声音随着脚蹉的节奏而越来越高。

老者争辩说："他嫂，你瞧，这畚箕里的石头……"

"天哪！连这老不死的都欺我孤儿寡母，我活着有什么用啊！"这女人边哭边骂，一头向老者撞去。动作迟缓的老人被这猛地一撞，弄得肚皮朝天，跌倒在地。

老者是个从小知书识礼、文墨饱腹的人，面对这场屈辱，虽有口难辩，但心想：如此纠缠，并非上策，又恐孩子失血过多，酿成大祸。便说："你别这样，救娃娃要紧。"边说边挣扎着爬起来，抱着这孩子，欲去找医生。其母虽火气未消，一听老者这话，只得一路哭泣，跟着老者到了村中医生家。

医生替孩子止了血，敷了药。刚走出医生家大门，那孩子又一个劲地直哭："疼呀，疼呀！"母亲的心，犹如一阵阵锥子刺着般地疼："儿啊，娘把你含在嘴里养，都怕舌头碰着你，想不到今天被这老狗欺负，还有哪样活头！"再次欲撞老人，又恐伤着老人怀里抱着的儿子。老者满肚子委屈，心想：今天这事不知要作何下落。

母亲的骂声越高，孩子的哭声越大，这场母子合演的恶作剧一时难以收场。乡亲们议论纷纷："唉，今天算这老伯不走运。""别管事，当心连你也脱不了爪爪。""唉，碰上这号人，阎王爷也休想清净。"

确实也算这老者不走运。哭闹结果，治疗、护理、吃住一概由老人负责，如这儿子有个三长两短，将要老者吃不完兜着走。

老人不忍也得忍地把孩子抱回家，老两口按时给他换药，小心服侍。这从小娇惯的儿子，稍不如意，便哭闹不止。

事到如此，老两口也只得由她母子尽情地哭闹罢了。好不容易熬过十天半月，这宝贝随着伤痛的好转，再也忍受不了床上的单调生活，要回家了。老两口也巴不得他早些离开，于是，趁机将这宝贝送了回去。母亲见儿子伤好了，心里有说不出的快活，把儿子搂在怀里，千心肝、万宝贝地亲了一阵。

"他嫂，娃娃总算无事，交还你了。"

这位母亲的脸上露出了一丝很少见到的笑容。好心的老者虽蒙受了一场不白之冤，总觉得对这宝贝的母亲有些话不得不说："他嫂，这事虽已过去，但是，你对孩子的这种纵容、娇惯，很不对头。俗话说'小树靠育，小孩靠教'。'养不教，父之过'。这样下去恐怕是利之不足，害之有余呀。"

"什么？"母亲的脸由晴转阴，"难道还是我儿子不是？"

老者没敢再说了，起身道别，边摇头边跨出了门。

一晃又是半年多过去了。一天，这老者鬼使神差地又打他家门前过路。他刚走近那门前路边的一棵歪脖槐树下，忽然"突、突、突"几声，头上、脖子上有一种似热非热的感觉。老者觉得奇怪，用手摸摸，手潮了。好奇心驱使他抬头向上看，脸上也湿了，嘴里觉得又咸又涩。他定睛一看，茂密的槐树叶中，好像有一个人影晃动。随着"嘻嘻嘻"的笑声，一股白里带黄的小水柱，从树叶中劈头盖脸地又下来了。老者边避让边骂："哪家的短命鬼，这般缺德。你给我下来！"树上露出一个嬉皮笑脸的小脑袋。老者一见这面孔，浑身不禁毛了一下，火气被这笑脸给吓跑了。"一朝遭蛇咬，十年怕草绳。"半年前的事，他是十八辈子也忘不了的。按理，他可以把这小子叫下来，教训一番，甚至踹他两脚也不过分。可是，黄鼠狼被磨勾打着，见棵弯草也害怕。于是，他拔腿就走。刚刚走出几步，他又想：我惹不起，就躲起。于是，他转换一副笑脸，和气地说："哎，你下来，我给你好东西。"这孩子一看老者和颜悦色的神情，抱着树干"吱溜"一声梭了下来。老者凑近摸着小孩的头，从兜里摸出几文铜钱递了过去："来，拿去买糖吃吧，以后别再这样了。"孩子满心欢喜地接过钱，连蹦带跳地买糖吃去了。

一天中午，这小孩正在路旁玩耍，村西头隐隐约约传来了"咣、咣、咣"的几声，细细一听，声音越来越大，循着声音传来的方向望去，西头大路上一队人马向东而来，有鸣锣的，还有执牌的。紧接着，那乌龟似的大红轿忽闪忽闪地向这边而来。后边还有一队手持刀、枪的彪形汉子。他着迷似地看着，猛地想起老者给钱之事，跑向歪脖槐树，心想：讨赏钱，发大财的时候到了！凭他那猴子般熟练的动作，三下五除二地跃了上去。开道的锣声越来越大，队伍也越来越近了。他选好位置，解开裤带，做好准备，耐心地等待着。

老槐树

凭他平日积累的经验，他测算着。队伍近了……到了。小泥鳅似的东西吐出一股黄白相间的液体，不偏不斜地落到了轿顶上。

却说，轿内坐着的县太爷，因下查公案，赶路心切，正在焦心地盘算着路程。忽然，轿顶上"突突突"的响声使他惊奇，一看轿顶，潮湿的印迹迅速地向四周扩展着。这火辣辣的天气，轿顶上哪来的水，岂不怪哉！他伸出头来一看，虽然没直接往脸上冲，但免不了溅了一脸水星。他大喝一声："住轿！"

村落躲在茂密的槐树中

队伍停止了，县太爷怂怂地出轿。所有的人奇怪地围到树下向上看，透过密密匝匝的槐树叶，人们已看清是一个娃娃在树上。随着小脑袋的出现，在"嘻嘻嘻嘻"的笑声中，那小泥鳅又再次吐水。"放肆!""下来!"吼叫声连成一片。

满心喜悦的小孩被这吼叫声和张张铁青的脸给吓愣了。

"快滚下来……"吼叫声越来越凶，他赶紧隐身于密叶深处。心想：给赏钱，咋会是这副脸嘴？

县太爷被激怒了，一扬手，朝天"叭"地放了一枪，小孩被枪声吓着摔了下来。

喝叫声、枪声把乡民、地方官给惊了出来，老远围观的人群中走出一地保模样的人。县太爷带着责怪的语气，对地方官三言两语地说了经过后，挥手上轿，一队人马赶路走了。

正在织机上忙碌的母亲，被这从未听见过的响声给惊了出来。只见一群穿官服的人在树下叽叽喳喳地围着，不知出了什么事，但又不敢近前，只得在半开半掩的门内偷看。待队伍走后，才看见树下躺着一个小孩。未加辨认，她已知道是自己的宝贝儿子，便流星似地向树下跑去。一见这地上直挺挺地躺着血肉模糊的儿子，她的心像被剪刀乱戳似地疼。泪水伴着呼天抢地的嚎啕声，绝望地搓揉着儿子的全身，仿佛要把儿子从阎王爷手里夺回来似的。

围了里三圈外三圈的乡民们议论着，传叙着，把悲哀的、怜惜的、同情的、甚至是痛快的各自不同的目光，投向圈内的母子俩。

站在圈外的老者，此时心情比较矛盾，心想：这事确实有些过分。但想起以前之事，又总觉得活该，只轻轻地嘀咕了一句："这一回，我不消贴棺材钱啦！"

白马将军显灵

云南驿后有座凤凰山，山上有座白马寺，寺里塑着个白马将军，白马将军白盔白甲，紫红色的脸膛白胡须。他威风凛凛地勒马站立在白马寺的正殿上，一手牵着昂首奋蹄的白龙马，一手紧握着斜挎在腰间的青龙宝剑，十分威武。

据传，他就是明朝末年追随永历皇帝转战滇黔桂一带的李定国将军的金身。当年，永历皇帝在紫金山遇难，李将军听后万念俱灰，"吾主不存，生之何益！"他心力交瘁，自己吊死在白坡头一棵弯腰树上，以尽忠臣之义。后来，当地的民众为了颂扬他的高风亮节，奉他为神灵，一年四季享受香火供奉。

1948年底，滇西人民自卫团（边纵八支队的前身）成立了。当时为了保密，部队暂时不公开党的领导。人们都在传讲"李鉴洲（后为边纵八支队司令员）起家了"、"李鉴洲的部队打富济贫要给穷人打天下"。

国民党中央军一九三师师长石补天部奉命到滇西一带追剿，一是想要扑灭这燎原之火；二是为国民政府营建好滇西，为中央军西退建立一个"安全走廊"。

师长石补天骑着高头大马率师来到下川坝。他前有装备精良的前卫部队开路，一式的美制冲锋枪轻快武器，后面是连绵十多公里的后续部队，轻、重机枪，小钢炮锃亮闪光。

"报告师座，师部设在何处？"随营副官策马来到他的马前报告。

"到白马寺去安营扎寨。"石补天在马上用马鞭一指凤凰山腰，大声命令道。随营副官立即策马而去。

白马寺居高临下，视野开阔，易守难攻，特别是那里前不着村，后不靠寨，不拢人家。只要岗哨一立，闲杂人员很难混进寺内。这对师部安全十分重要。

石补天看到警卫人员在寺内寺外都做好了全方位的防范工作，才慢条斯理地踱到白马寺前，欣赏着全在眼底的下川坝子的景物风光。下川坝子平坦宽敞，被四周起伏的群山围得像个不规整的大托盘，大大小小的村寨就像棋子散布在上面。他特别留意观看的就是与凤凰山相对的那龙润乡。据确切的情报，他知道以李鉴洲为首的"土共"，就是以这里为中心，秘密策划组织，拉起了人民自卫团。

石补天跨进寺门，一个白发住持走过来问："禀告长官，听说贵军要在这里设防？"

"你是？"石补天有些不悦。

"我是这里的住持，有什么需要的，请尽管吩咐就是。"

石补天问："老住持，你有何见教？"

"这里是佛家之地，一向是清静的！"住持婉言提出了自己的意见："你们兵马人住……"

"现时是形势所逼，大家都只能曲意强为了。"石师长语音威严，凶横而不外露。

"如果贵军看中了敝寺，我们也无法……"住持也见机行事，立即扭转了话题。他一听师长口锋强硬，要拒他在

寺外已是不可能的事了。

　　"好吧，请老住持方便方便，带我去参拜一下庙里的大佛，也请神灵庇佑庇佑！"

　　老住持在前面引路，石补天先看了将军殿、斗母阁、观音阁、子孙殿，各殿的佛像神态各异，一个个令人肃然起敬。石补天用军人的眼光审视了寺内的围墙和出入门户。他看到寺庙围墙高大厚实，易守难攻，很是安全。

　　石补天的部队进驻了云南驿，各种情报通过不同的渠道早已传到滇西人民自卫团总部。李鉴洲带着八个贴身警卫就在云南驿对面的龙洞、果城一带活动，掌握着石补天的确切动向，李鉴洲给他下面的人员下了这样的命令：无论如何，要把石补天的队伍挤走。

入夜，这是游击小分队行动的大好时机。白马寺周围不时地响着枪声，这是游击小组按计划不停地骚扰敌军的冷枪，远处还不时地传来"轰隆轰隆"的爆炸声，那是民兵、农抗会员按地下党的部署，在破路炸桥，阻止敌军妄图利用滇缅公路西撤，营建最后的反攻营地的图谋。交通阻塞，信息不通畅，供应常常中断，游击队不时偷袭，弄得敌军提心吊胆、寝食难安。石补天率领的精锐之师进到祥云之后，就像陷进了大泥塘里。本来他是想来耀武扬威、称雄称霸大显身手的，不料他有气使不上来。他想摆开阵式，让钢枪洋炮都开火，正儿八经地比试一下，见见高低。可游击队、人民自卫团不买他的账，总是避实就虚地跟他对着干。他们依仗自己人熟地熟，想打就放几枪，不打就抬腿走路；一回到有熟人的村寨，他们把枪一藏，抬上锄头箩筐在田地里一蹲一坐，就成了地道的农民。李鉴洲心里想，云南驿自古是省府通往滇西和缅甸的必经之地，万万不能让石补天的人马在这里久驻。

石补天手握重兵但不知往哪里用，才真正品尝到"强龙敌不过地头蛇"这句俗话的个中滋味。他想到"癞蛤蟆穿套裤，蹬打不开"这句话，连续好几晚都未能好好地合眼了。他大动肝火，动不动就骂人，最后竟下令将捕捉到的几个游击队家属和两个战士枪杀了解恨……这下子，石补天算闯下了大祸，南村北寨里怨气冲天，许多说法更是有鼻子有眼，人们说："不好了，白马将军也出动了。他带着阴兵出动，要赶石补天的兵马走。""石补天得罪了白马将军，因果报应就在眼前。"村民们七嘴八舌，特别是云南驿附近七老八十的老太们本来就是白马寺的长年香客，现在部队进驻了白马寺，不仅断了他们修行烧香的路，而且还大开杀戒，公然在佛寺里杀人和吊打无辜，这还了得，这种公然蔑视佛法和神威的恶人还能不遭报应！她们三三两两地颠着小脚，走西串东地忙，神秘兮兮地传讲，还在背地里对着军士们的背影指指戳戳地言讲，弄得扛枪的士兵一个个心虚胆颤，浑身上下都起鸡皮疙瘩。

军士们听到百姓议论，也感到石师长安排有误，那么大一个祥云县，有多少地方可以安营扎寨，为什么偏要到白马寺里来杀人放血。军士背地里闲言碎语的传讲也传到石补天的耳朵里。有些话使他心里也发毛。他派人请来了老住持，开门见山地问："这几天听到什么风声了？"

老住持答："风声，什么风声？师座是知道的，我只是烧香化纸敬奉白马将军神灵之人，向来不闻不问人间烟火！"

"白马将军要显灵，可真有此事？"石补天打开了窗子，直言相问。

"我侍奉白马将军神灵多年了，他显灵之事常有。"

"你对近来风传之事是何看法？"石补天寻根究底地追问着。

"近来人言汹汹，一则是大势造成，二是贵军进驻白马寺，使得善男信女难以了却自己的心愿，人言可畏啊！师长如能重视民情舆论，不如移师他处，可避口舌是非以安民心。"

"你讲的话合情入理。真的移师驻防他处也不费吹灰之力。在你看来，我最难的是什么？"这时的石补天已失去了平时作为一师之长的傲气。游击队的战术把他捉弄得像放了气的皮球，完全软下来了。

"以吾之见，最难之事在于乱中取静，以观待变，避险就安而能明哲保身。"

"高见，高见，住持之见真可谓警策，是可以醒世立身！"老住持一语，点破了他心中的谜团。这时，老住持见机行事，讲了许多过去白马寺将军显灵的事，说得石补天心里害怕，连坐都坐不住了。

"太奇了，白马将军真的出汗了。"这时，副官急急地赶来。他的报告更使石补天丢了魂魄。石补天稍做迟疑，邀约上老住持，跟随在副官之后，三人一同进入了将军殿。

三人抬头凝神细看，果然，白马将军的金盔下汗水淋淋，把脸面上烟熏灰尘也冲出一道道的痕迹来。石补天吓得面如纸色，结结巴巴地下令道："快，快传我的命令，开拔，立即开拔。"

石补天的一九三师开拔了，白马寺又恢复了往日的宁静。事后，白马将军显灵吓退石补天的故事先是流传在前所、云南驿坝，后来竟越传越广，传到了南华、姚安一带。

河头龙王的传说

洱源牛街附近有座白头山，山边有个大岩洞，洞里有条大蟒蛇。岩洞靠近大路，每次赶集的人路过这里，都被大蟒吸进洞里吃掉。为此，官府出了一张布告说，"若有人制服大蟒，赏以千金"。牛街西边有个地方叫三锅石，在这里住着一个老倌，他有九个儿子，九个姑娘，家里穷，养不起这么多人，人家就劝他去杀蟒，好取得这笔重赏。这老倌平时也有意想替老百姓除害，于是满口答应了。

一天，这老倌身上扎满了锋利的小刀，用包头帕子蒙了嘴脸，只露出一双眼睛，然后，蹲在崖洞旁边等待，大蟒嗅到生人气味，就把老倌吸进肚子里。老倌在蟒蛇肚里使

劲打滚，不一会，大蟒被刺死了。当地几个农夫立即剖开大蟒的肚子，老倌又从里面跳出来，并未受伤。

当地人都说老倌有功，为他建造房子，雕梁画栋的很好看。将要完工的时候，老倌表示不喜欢梨园而喜欢河头这地方。不一会，忽然来了一阵狂风，把梨园所有新盖的房子，统统都吹到了河头；木匠也被吹了过去，就在那里继续修盖房子。于是，这老倌就定居在那里了。后来，他和他的子女都死了。人们就尊他为河头龙王，把这房子改做河头龙王庙，塑了很多神像。老龙王（即老倌）两夫妇的塑像居中，他们儿女的塑像居两旁。他家大老爷封在官营做龙王，二老爷封在大庄做龙王，三老爷封在河头附近做龙王。四老爷封在大果村当本主，这是个毒辣的家伙，给他做会那天，当地老百姓必须猪头三牲，诚心祭他，天才放晴，不然，这一天就一定会遭到一场恶风暴雨。谁冒犯了他，他让谁家鸡犬不宁。五老爷封在哨子附近关上当龙王，也是这里的本主。这家伙更加毒辣，他经常弄得人们祸事重重，还散布瘟疫，让人生病。这样，当地人们就不得不常常拿猪

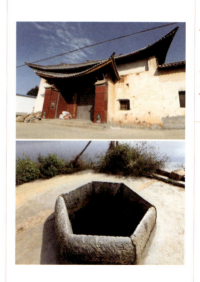

1
2
3

1. 龙王庙
2. 龙王庙大门
3. 八角井

头雄鸡到他面前磕头了。六老爷封在河头地区的一个山上当龙王。七老爷封在哪里不清楚。八老爷封在两地，一地在五充（河曲龙王管地附近），是小甸本主；另一地在鸡登，他有一群羊，还找了一个放羊人帮他放羊。九老爷是汉登的本主，脾气很好，不找老百姓的麻烦。河头龙王的大姑娘，封在八老爷的附近做龙女，当地人称她"皇姑老太"。皇姑老太心肠好，肯帮助人。当地若有婚姻大事，需要碗筷杯盘等物，只要写一个条子贴在庙前的一棵大树上，第二天，这些东西便在庙门前，由你借，用完后，须如数归还。但后来却有些人贪小便宜，借了不还，她很生气，就不再借东西给当地人了。据说，她借出的大瓷盘，正中刻了一条大金鱼，很美丽，现在还有人偷偷地保存着。

河头龙王还有一个姑娘。巡检司下山口的黑龙大王曾向她求亲，这姑娘不愿意，结果嫁给云南驿龙王。云南驿地方很穷，庄稼不好，当然做这地方的龙王也很穷。每年正月二十三日与七月二十三日，河头老龙王做会，这姑娘就回家做客，向老龙王哭诉自己的穷苦。每当这天，总是恶风暴雨，就是这个缘故。后来，老龙王可怜她，就多分给她一股水。这股水可以灌溉她管辖的所有土地。从此，云南驿地方五谷丰登，人们为了感激她，因此她庙子里的香火经久不绝。洱源人每路过云南驿的时候，都要给她磕头。倘若衣服破烂了，只要你把它放在庙里，第二天去取，就补得好好的了。倘若你缺少旅费，只要你如实地写一张条子，焚化在香炉里，第二天，你就可以在香火炉里扒出一些银子。河头龙王还有一个姑娘嫁给邓川漏邑村龙王，以前洱源人过邓川漏邑村，倘若遇见祭龙王，当地人就一定要待洱源人吃饭，特别客气，就是因为龙王娘娘是洱源人的缘故。

月镜湖的来历

相传，观音老母为了拯救祥云人民，她把一条龙变做一条干黄鳝，自己变成个老太婆背着干黄鳝下凡来沿街叫卖，当时祥云县十年九旱，多数人穷得无饭吃，观音老母的干黄鳝无人来买，到了高官铺，一位老大爹用三斤干腌菜换了一条干黄鳝。观音老母告诉他，这是一条龙，要等她走了三天后再把干黄鳝放在水塘，然后用大囤箩罩一罩，那么水就会涌出囤箩粗的一股，可以淌出走三天路那么远。可是，这事情被村里一个狠心的财主知道了，他害怕大水冲了他家的田，只想自己得利，不等观音老母走远，他就偷偷地把干黄鳝用架牛的牛杠戳了戳，放进水塘里，因此高官铺龙潭的水便只有牛杠那么粗的一股，只能淌过两里多远的地方。高官铺这个龙潭经过多次修整后方成为祥云县的古八景之一，被誉为"水清如镜，影可见月"的"月镜湖光"。

月镜湖

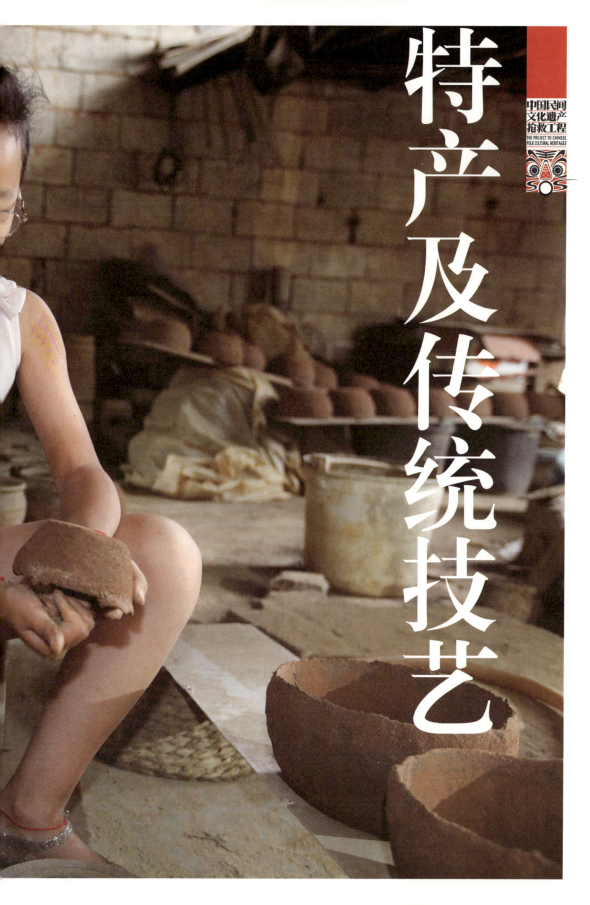

特产及传统技艺

中国民间
文化遗产
抢救工程
THE PROJECT TO CHINESE
FOLK CULTURAL HERITAGES
SOS

云南驿坝是典型的农业经济，坝子属北亚热带偏北高原季风气候，海拔在两千米左右，光能资源丰富，水分较少，年日照时数长达两千六百小时以上。这片广袤的温暖半干燥平坝区，土地平整，土质肥沃，适合种植水稻、玉米、小麦、豆类、烤烟、蚕桑等农作物，哺育着生活在这里的人们。此外，千百年来处于古道交汇点的便利交通和马帮文化，融合了许多南来北往的手艺人，一些技艺在这里生根发芽，繁荣发展。明代，大量汉族屯垦移民的到来，与这里的各族人民共同开发、建设、耕耘这片沃土，共同创造了与这片土地相互依赖、和谐共处的生计方式，他们勤劳的双手创造了许多富有特色的土特产，并钟情地传承着这些手工技艺。

草帽制作

草帽制作是云南驿较有特色的手工技艺之一，主要集中在前所、小桥、旧站、康仓、棕棚等地。

每季小麦收获后，皮薄茎长、质地柔韧、色泽鲜亮的麦秸，便被村民细心拾掇整洁，用来"编辫子"，为缝制草帽提供半成品。村民们大多会"编辫子"，常常在地头田埂小憩的间隙，或是堂前院坝喝茶休闲的时光，或是村口闲聊的当儿，就着一捆麦秸，手指灵巧地穿梭来往，随着时间流淌，一圈又一圈的"辫子龙"就会变魔术似地挽上手臂，不知不觉又收获了一份劳动成果。

草帽辫子漂白晒干后，用草帽机打成大、小不同的草帽，通过压型机压制成男、女、童式草帽、礼帽等二十多个品种，打眼、分级验收打包后就可以上市了。

云南驿镇草帽的编织加工作为一种产业始于1969年。时任前所供销社采购员的陈芮宗到山东搞采购，看到当地群众用麦秸编草辫打草帽，销路很好，就想到家乡也盛产小麦，麦秸资源丰富，如果供销社也办一个草帽厂以产代销，情况也会不错。陈芮宗回单位汇报后，单位安排人到山东学习草帽编织和加工，并于1972年成立了草帽厂。随着社会的发展，个体、私营企业活跃，到2010年云南驿

草帽加工业已发展到了 35 户，年产量约 281 万多顶，产值达 2510 多万元，增加了村民和从业者的收入，在当地产生了良好的经济效益和社会效益。云南驿的草帽不但在本地有很大的销售市场，还销往景洪、临沧等周边地市和四川、江西、广西等省份以及缅甸等地。

　　以云南驿为代表的祥云草帽，深受人们喜爱。每到农忙时节，流动在碧野田畴间的草帽阵，俨然成了云南驿坝子的一道亮丽风景。近年来，越来越多的国家机关工作人员下乡时都喜欢戴上草帽，遮凉效果好，还利于与群众打成一片。村民们赶集时都不忘戴草帽，太阳的热辣和路途的辛劳都被草帽遮去了大半。不论买东西还是做买卖，草帽下质朴的脸庞都给人以实诚的好感。

　　祥云草帽不仅在生活中广泛使用，还被编进了缠绵悱恻的民歌《送郎调》："……十一送小郎东门街，黄蓝草帽摆断街。郎要草帽挑两顶，草帽银钱妹来开……"祥云山歌则以祥云草帽为道具，淋漓尽致地表现了情侣依依惜别的深情和牵挂："（男）妹家门前一条街，百什百物摆断街，妹要哪样妹来拣。（女）上街我去看一看，祥云草帽摆断街，买顶草帽送给你，不怕风吹太阳晒。"

云南驿有着悠久的金属器加工历史。当地的农耕经济与马帮文化为铁器加工提供了广大的市场。明洪武年间，江西籍军人彭氏兄弟随屯军落籍于汪旗营，兄弟俩以打铁为生，世代相传至今，使云南驿汪旗营成为县内闻名的铁匠村。进入村子，家庭式的生产作坊锤打铁器的声音此起彼伏，敲出富有韵律的节奏。云南驿铁器制作主要打制马掌、马掌钉等马具，锄头、镰刀、耙子、铲子等农具，火钳、火筷等家用器具，产品远销滇西南各地。

铝制品加工制作

　　20世纪40年代中期，抗日战争结束后，云南驿大部分驻军撤走，留下来不及搬运的大量汽油桶、铁管以及各种铁、铜、铝等物资，国民党军队中的部分修理工也安家落籍云南驿，他们与五金工匠结合，利用遗留军用物资加工五金用具。1982年前所村的周必胡做了一个大胆的尝试，他从前所街上买来铝制的饭勺、水瓢各一个做模子，做了一个翻沙箱，又收购了一些废旧铝料，铸成了成品到集市上销售，十分畅销。随后他又如法炮制买来铁锅做模子，开始铸铝锅。周必胡的成功为他带来了丰厚的经济收入，也带动了许多家庭投入铝制品铸造队伍中去。1995年开始前所村的周正

福、周仕康，汪情的汪国林引进机械，开始用机械加工生产铝制品。到 2011 年云南驿地区的铝制品加工已发展到了五十多家，主要分布在前所、随化、康仓、汪情、左所、九约、蛟起等村，年产量达 61 万件，产值达 1100 万元。

云南驿的铝制品多为家庭生活用具，分为机制的饭勺、条匙、水瓢、蒸锅；翻沙制作的铝桶、锅、茶壶、漏瓢、盆等。云南驿的铝制品光滑细润，轻巧，便于清洁，不易变形，使用起来称手，机械铸压的成品没有砂眼，深受用户喜爱。

云南驿铝制品的手工制作过程颇具艺术色彩。以前从业的工匠常常挑着工具挑子走村串寨，为人们制作铝制品谋生。在许多村子，对土地富有感情的乡亲们多把制作一件铝制品叫做"种"，师傅按照客人的需要，拿出一个酷似军火箱模样的木质翻沙箱，这个翻沙箱厚实、方方正正，多半被使用得光滑，闪耀着锃亮的金属光泽，挥发着木材和泥土的味道。打开箱子，里面盛满了金黄色的细沙，做好物件模型，平整细沙、锁牢箱子，将溶解后的铝液浇入模型内，随着一股白雾升腾，片刻工夫，铝液冷却后，打开翻沙箱，剔除沙粒，一个称心的物件就被"种"出来了。

补锅

补锅是云南驿一项传统手工技艺。早在1890年，汪情村汪氏家族就有一批补锅匠熟练地掌握了补锅这门手艺。由于他们常常带着徒弟，肩上挑着风箱、炉灶等工具，走村串寨以手艺谋生，又被人们亲切地称做"小炉匠"。每到一个村寨，匠人们就操着颇有特色的西南官话祥云方音，连续高声叫唤"补——锅，补——烂——锅"，在村内走上一圈，选定人流多、能遮风避雨的适当位置，支起炉灶，扯起风箱，熔化铁水，准备接活。人们听到小炉匠到来的消息，纷纷端出通、破、渗、漏的铁锅和桶、盆、壶、罐向小炉匠涌来。在物资匮乏的年代，他们用精巧的技艺，解了无数家庭的燃眉之急，加上诚信谦和、精心修补，很受人们信任和尊敬。

银器、民族饰品加工制作

云南驿银器加工始于清代末期，其前身是补锅手艺，随着经济社会的发展，逐渐向银器和民族工艺饰品转化，成为一门独具特色的手工艺。清同治六年（1867），虞旗营虞明绍兄弟到大理喜洲投师学艺，出师后回乡开业，世代相传。

随着时代的发展，汪情银制品以其地道的手工艺和民族特点赢得了人们的喜爱，成为旅途景点、民族村落俏销的"手工货"，从而催生了汪情银制品加工业的迅猛发展，并逐渐走向规模化。目前，民族工艺饰品的加工制作已遍及汪情及周边的村落。以艺人汪开荣为主的"汪氏银器"创作、加工群是一个集产品创作、加工、销售为一体的农村

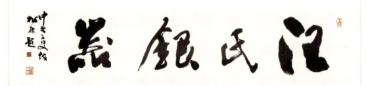

手工业者联合体。现有加工户 60 户 150 人，每年加工银制品十万多件，产值三百多万元，产品销往北京、河南、广东、西藏等省及日本、缅甸、泰国、尼泊尔等周边国家。其产量、就业人数和经营规模逐年扩大，在创造可观经济效益的同时，解决了部分农民和手工业者的就业问题，产生了良好的经济效益和社会效益。

20 世纪初，汪情村汪氏家族 13 岁学艺出师的传承人汪贵龙，通过走南闯北和上辈悉心传技，接触、熟悉了大量古银器形制、图案、纹饰规律，聪颖好学的他随着见识、阅历和年龄的增长，对银饰品产生了浓厚兴趣，潜心钻研银饰品的加工制作。他制作出来的长命百家锁、银手镯、妇女围腰链、耳环、耳坠、深受人们喜爱。宗族和村里的很多人纷纷向他拜师学艺，他来者不拒，带着徒弟外出串乡，边学边做。几年以后，有一批人学艺成功，离开汪贵龙自谋出路，在楚雄、姚安、南华、禄劝、牟定、景东、景谷、思茅、普洱、小猛养等地，开创了一个又一个银饰品加工的新天地。"文革"期间，银饰品加工生产遭受了"割资本

| 1 | 3 |
| 2 | |

1. 烧炼
2. "汪氏银器"题字
3. 雕刻银器

主义尾巴"的批判，但人们以白天出工、晚上生产的方式进行"地下"生产，低沉的铁锤还是悄悄锤打出了一件件银饰品，流向需求者手中，十年来没有停歇过。

1978年，党的十一届三中全会召开，改革开放政策深入人心，被束缚了的艺人双手得到解放，银制品加工从"地下"转入公开。随着市场经济的发展，品种不断增加，花色日益创新，从一般银器产品加工逐渐发展到民族工艺饰品的制作，因地而异，因人而制，短短几年就发展到近百个品种。

1995年，云南省成为全国旅游大省后，中外游客蜂拥而至，银饰品成了旅游市场的热门货。苗族头饰、纯银烟筒、九龙壶、九龙杯、九龙茶具、雕花银碗、银筷、儿童花、项圈、长命锁、脚镯、响铃、手镯、苗族三丝帽、插针、彝族头饰、八仙大花链、景颇族各式挂配等近百个品种被艺人制作出来。同时，手镯上的景泰蓝、纯银镏金工艺相继出现，真可谓琳琅满目，美不胜收。产品销往东北、河南、河北、西北各省以及贵州、广西等多民族省份，还远销东南亚、南亚地区，有的成为国内外游客的珍藏品。

2002年6月，中央电视台第七频道（农业频道）致富经栏目组制作了专题节目报道。

主要作品有：

1. 饰品类：苗族头饰、儿童花、项圈、长命锁、脚镯、响铃、手镯、项链、戒指、苗族三丝帽、插针、彝族头饰、八仙大花链、挂配等；

2. 器具类：酒壶、银碗、银筷、银烟筒、首饰盒、烟斗、茶具、挖耳、酒杯等；

3. 纪念品类：独角兽、壁龙等；

4. 景泰蓝：手镯、耳坠等。

艺人在制作作品时必须考虑器物的艺术性，同时
要符合不同民族的审美习惯，这样才能打动消费者。

随着市场的打开以及新老艺人的不断探索，汪情的银制
手工艺品从以传统工艺为基础，沿袭家庭作坊、手工制作、
个体经营模式，逐步走上规模化生产经营的道路。一年约
计出产几十万件小件和几万件大件，价值三百多万元。现
在已不需要再走村串寨，逐步转变为"家亦是工厂，工厂
亦是家"，客户都是闻名而来。加工经营模式正在发生深刻
的变化，从传统的自产自销发展为按订单生产以销定产的
经营模式。

土锅制作

云南驿土锅制作有着几百年辉煌的历史。直至今天，很多外地人还开玩笑把祥云人称做"土锅"，把祥云人讲话特有的腔调称为"土锅腔"，祥云土锅的影响可见一斑。祥云流传着这样的儿歌："长得黑，长得壮，长得矮矮又胖胖。不愠不火没脾性，东海子的土锅郎。"

据《祥云县志》记载，"康仓土锅"起源于明代。那时，贵州籍土锅匠人从军入滇，退役后，在祥云县云南驿镇棕棚村安家落户，焙烧砂锅的工艺也随之传入。后来，这一技术在云南驿镇的康仓一带流传开，很多农户加入生产行列中，生产规模和工艺不断发展，于是形成了以康仓为中心的土锅生产区域，为这些村庄赢得了"土锅村"的称号。

早在明朝，祥云康仓地区生产的土锅就开始远销县内外。清朝中后期至民国年间，是祥云土锅生产销售的黄金时期，土锅成为"茶马古道"上重要的流通商品之一。大量的土锅随着祥云马帮和肩挑小担"走夷方"的商贩以及到外地谋生的祥云人销往云南省内弥渡、宾川、剑川、永平、大理、西双版纳、楚雄、保山、昆明等周边地区和西藏、广东等省及东南亚各国。即使是"洋货"开始盛行的民国年间，从祥云运往缅甸等东南亚国家的土锅也同样受当地人的青睐，其价值曾达到一口土锅换一口洋锅（金属锅）的水平，可见土锅在人们心目中的地位之高。

上世纪六七十年代，土锅仍然是祥云及周边很大地域内人们日常生活中不可或缺的重要生活用具。

新中国成立前，康仓地区有一百多户人家制作土锅。新中国成立后，土锅生产发展很快，到1957年，仅康仓村烧土锅的就有六十余户，年产一百万个以上，均为自产自销。

"文革"十年，土锅生产成了"走资本主义道路"受到批判。但土锅生产并没有完全停下来，土锅匠们采取"白天出工挣工分、晚上回家干私活"的方式偷偷生产，土锅通过各种渠道流向需求者手中。这一时期，土锅产量急剧下降。

1978年，改革开放的春风吹遍了祖国的大江南北，随着市场经济的发展，党的各项政策深入人心，土锅产量和销量不断增加，形制不断创新，康仓土锅又迎来了一个新的鼎盛时期。

1980年后，随着烤烟生产的发展，盖小烤房的烟农增多，当地土锅匠乘势而上，试制成功了用于小烤房内传热、排烟的"土锅龙"，土锅市场需求猛增，年销量达两万个左右。除满足本县需求外，弥渡、宾川、楚雄、宝山、昆明等县市均来订货，每年外销上万个。此后，能干的土锅匠又制出了用于节能灶的火炉芯，延伸了土锅系列产品的销路。

1984年，随着土法炼锌业的兴起，土锅家族又增加了炼锌罐这一成员，年产量约一百余万套。

到1988年，康仓土锅加工户已发展到47户，年产各类土锅系列产品八十余万件。

然而，随着科技的发展，现代工业用品迅速取代了土锅在人们日常生活中的作用，再加上烤房标准化的推进，土法炼锌由于高污染而被取缔，原汁原味的土锅市场需求量不是很大等原因，土锅生产失去了原有市场的支撑，当地制作土锅的规模和参加的人数也越来越少，土锅产业失去了当地主要经济来源的地位，康仓土锅这一工艺正面临着失传的危险，有待我们更好地对其保护和传承。

土锅的独特功能 "土锅"是一个比较宽泛的概念，它包括了以炊具为主的一系列日常生活用品，按体积分有大土锅、中土锅和小土锅；按用途分有炊具土锅、药土锅、土茶罐、土盆、土桶、土锅盖等；按型制分有扁土锅、直土锅，有耳土锅和无耳土锅等。

大窑

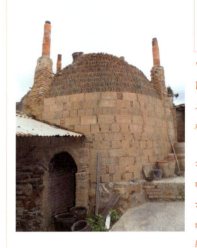

　　土锅外形粗放古朴，憨态可掬，颜色黑而发亮。虽然外形"丑陋"，却有着独特的功能。

　　土锅由于升温慢，降温慢，所以民间有"煮三年不涨，涨三年不歇"的俗语。日常生活中，土锅具有煮、炖、煎、焖的功能。

　　用土锅熬出的汤、焖出的饭、炖出的鸡，味道鲜美，醇香可口，对身体无任何副作用。新中国成立前的一些大户人家不稀罕铜锅、铁锅，却十分珍惜自己长期使用的黑土锅，就是因为土锅烹制的食物具有味美、醇正、喷香的特点。用土锅煨药，无化学反应，能保证药物的原汁原味。用土茶罐烹茶，烹出的茶清香扑鼻、喝起来舌底生津、喉底回甘、提神醒脑。

　　正是由于土锅的这些特性，祥云土锅才能源远流长，历经百年而不衰。直至今日，一些真正懂得土锅好处的城里人，还千里迢迢托人到祥云带回土锅使用。

　　土锅的制作流程如下：

　　1. 制泥：土锅用当地盛产的一种黏性较好的陶土作原料，加入煤粉、沙子混合拌匀，形成"土锅泥"。

2. 制坯：用坯子制作成锅、罐、盆等器皿，晾晒后放入烧窑内烧制，温度以多年来土锅制作者的经验来判断，一般要上千度的温度，烧烤的时间大约一小时。

3. 焙烧：待烧到一定程度后，直到土锅颜色发红或翻白，用冷水浇窑顶，迅速降低窑内温度，增加湿度，使土锅成为铁灰色。

4. 上釉：用铁钩取出土锅放到另一个闷窑里约二十分钟，接着在闷窑中点燃松叶或木渣等物，使其产生大量烟雾，借此烟熏土锅，使土锅乌黑发亮，这个过程叫"上釉"。

5. 出炉：用铁钩把制作好的土锅从烧制土锅的闷窑中钩出，放在透风的地方保存。这样，一个完整的土锅就制作成功。

土锅的制作流程中所用到的工具都是比较原始的工具，烧窑形式、加工工艺、出炉过程等等都保持着较原始的状态，是人类土陶发展史的一个缩影，这也为研究云南土陶发展史提供了实物材料，具有较高的历史价值。

| 1 | 2 | 3 |

1. 花盆初胎
2. 烧窑内部
3. 制胚

云南驿历史文化
名村的抢救与保护

中国民间
文化遗产
抢救工程
THE PROJECT TO CHINESE
FOLK CULTURAL HERITAGES
SOS

从人类居住环境发展视角看，一部人类文明史，就是一部城镇、乡村的进化和演变史。中华大地上各类异彩纷呈的城镇、乡村，正是中华民族生长的生动摇篮，她们与祖国辽阔的山川、河流、草木一起，塑造了数千年绵延不绝的中华文化。在千千万万城镇、乡村里，历史文化名城、名镇、名村，其特有的物质特征与精神属性，无处不在地刻画着我们民族的气质，映衬着我们民族的灵魂。但是，

古建筑群要加强保护

在当前现代化、城镇化的进程中，很多历史文化名城、名镇、名村的原貌荡然无存，即使遗留下来一少部分，也都面临文物建筑被损毁、文化遗迹被侵蚀、传统文脉被割断、文物原生态环境被瓦解的命运，许多珍贵的历史记忆一去而不能复返。

面对这种令人忧心的情况，尽快用文字、图片把祖先留给我们的这些随时可能消失的古城镇、古乡村的原貌与内

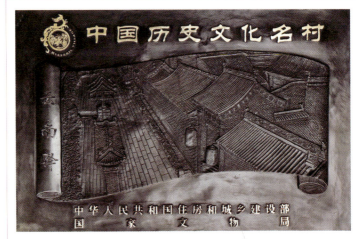

"中国历史文化名村"牌匾

涵记录下来，结集出版，传给后世，不仅是对历史的敬重，也是对今天的担当，更是对未来的承诺，是各级政府和民间文化工作者义不容辞的历史责任。

（1）保护云南驿古村有利于保存先民留下的大量文物古迹。

云南驿作为政治、军事重镇伴随着"云南"地名的出现，已经有两千多年的历史了，留下了大量的文物古迹，承载着云南历史的风雨沧桑。马帮文化曾经为云南驿带来繁荣，明代时期的大移民使云南驿生产水平与中原媲美，抗日战争更是让云南驿名扬世界。然而随着这一页页历史的翻过，云南驿的文物古迹损毁严重，如今所剩的大都已经破败，若不加以保护，先人留下的大量文物古迹将会毁于一旦。没有承载优秀传统文化的文物古迹，我们将失去历史记忆，一个失去记忆的民族是很难自立于世界民族之林的。

（2）有利于弘扬民族精神，进行爱国主义、民族团结、革命传统教育。

云南驿因马帮文化而兴。明朝建立洱海卫以后，又有大量移民进入，他们为传播中原先进文化，保卫祖国边疆的稳定与统一，促进边疆与内地的联系作出了积极的贡献。

特别是 1936 年红军长征过祥云，留下了大量的红军爱民佳话，以及遗物遗迹。抗日战争时期，云南驿山山水水都浸透了抗日军民的鲜血和汗水，书写了许多可歌可泣的爱国佳话，所有这些，都是开展爱国主义、民族团结、革命传统教育难得的生动教材。由于各种原因，许多抗战历史鲜为人知，今天，我们有责任还原这段不应忘却的历史。

（3）有利于激发祥云人民的文化自觉，加强精神文明建设。

由于产业结构调整的成功实施，祥云社会经济发展迅速，工业化、城镇化进程在大理白族自治州位居前列，人民生活普遍富裕。富裕起来的人民更需要文化来充实，才能不断增强民族自尊心、自信心、自豪感。像千千万万长眠在云南驿土地上的英烈，他们理应成为激励人们奋力前行的精神动力。历史经验反复证明，一个只有经济发展而文化建设滞后的地区是很难实现社会和谐、诚信守法、人民幸福安康的。

古街古建筑群

保护云南驿的建议

如何保护好云南驿，建设好云南驿，中共祥云县委、政府十分重视，云南驿镇、村各级领导也有很好的思路和保护发展历史文化名镇的规划。这些思路和规划都是很好的，只要换届不换目标，持之以恒地认真贯彻落实，并在实践中不断完善，必将对云南驿的发展起到很好的作用。

云南驿作为历史上的交通要冲，军事重镇，马蹄踏出了云南驿的繁华，抗战打出了云南驿的威名，移民推进了云南驿的发展，自然许多人为探寻这段历史来到云南驿。所以有必要将云南驿镇内的旅游资源充分整合，以适应游客对观光、休闲、康体的新期待，吸引更多游客来云南驿。

周家箐万人坑位于云南驿镇北溪村周家箐。1940 年至 1944 年期间，云南驿机场屡遭日军空袭。由于当时国难当头，受条件所限，每次空袭后无人认领的民工尸体都掩埋在那里，被后人称为"万人坑"。然而这段刻骨铭心的历史是不应该被遗忘的。前事不忘后事之师。历史悲剧不能重演，我们不能寄希望于侵略者放下屠刀，而是要依靠自身具有足以震慑侵略者不敢轻易玩火的强大力量。正因为如此，更不应该忘记当年为了民族独立而殉难的同胞。这既是对逝者的缅怀，又是对生者的激励。建议有关部门积极争取在周家箐建立纪念标志。

云南驿的民间工艺既有较长历史，又很有特色，这是当年创业者们敏锐地捕捉住市场商机，适应市场需求发展起来的。今天，随着科技进步，市场供求关系已发生了新变化，这需要创业者更新观念，增加科技含量，才能再创祥云民间工艺的辉煌。

以上建议，只是一孔之见。如果创造条件，让更多的专家学者建言献策，必将对云南驿又好又快地发展起到积极的推动作用。

中国名村·云南云南驿

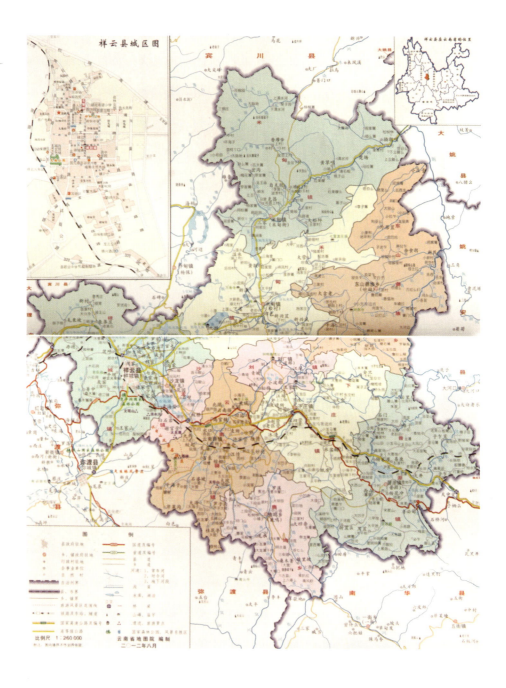

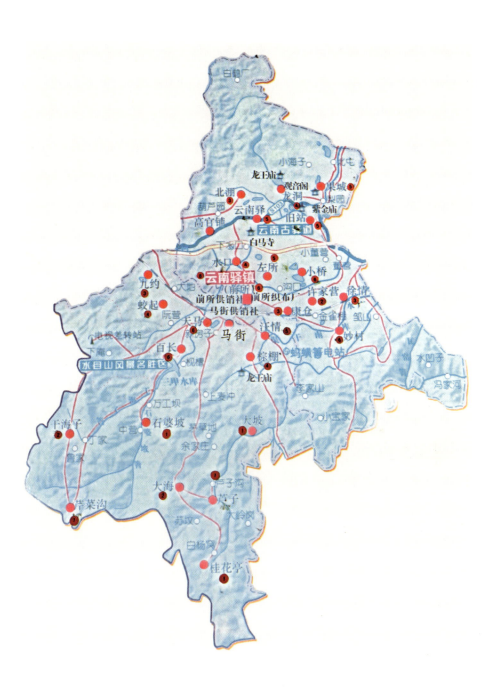

参考文献

〔1〕方国瑜：《云南史料丛刊》卷五，云南大学出版社，1998年5月第1版，第382页。

〔2〕大理白族自治州白族文化研究所编：《大理丛书·方志篇》，民族出版社，2007年5月第1版。

〔3〕大理白族自治州白族文化研究所编：《大理丛书·族谱篇》，云南民族出版社，2009年6月第1版。

〔4〕大理白族自治州白族文化研究所编：《大理丛书·金石篇》，云南民族出版社，2010年12月第1版。

〔5〕大理白族自治州白族文化研究所编：《大理丛书·考古文物篇》卷十，云南民族出版社，2009年8月，第5086页。

〔6〕大理白族自治州白族文化研究所编：《大理丛书·本主篇》上卷，云南民族出版社，2004年3月，第244页。

〔7〕赵寅松主编：《情系大理·历代白族作家丛书》，民族出版社，2006年4月第1版。

〔8〕赵寅松、施珍华主编：《中国民间故事全书·云南·祥云卷》，知识产权出版社，2005年10月第1版。

〔9〕《明宣宗宣德实录》卷四十三。

〔10〕云南省编辑组，《中国少数民族社会历史调查资料丛刊》修订编辑委员会编：《云南彝族社会历史调查》，民族出版社，2009年6月。

〔11〕高德敏著：《飞虎月亮花》，云南教育出版社，2006年10月。

〔12〕《当代中国》丛书编辑部编：《当代中国的云南》（上册），当代中国出版社，1991年3月第1版。

〔13〕孙太初：《云南古代官印集释》。载中国考古学会：《中国考古学会第二次年会论文集》（1980），文物出版社，1982年6月第1版，第219页。

〔14〕中共大理白族自治州党史研究室编：《大理州革命遗址通览》，云南人民出版社，2011年6月第1版。

〔15〕中共祥云县委党史征集研究室编：《红军长征过祥云》，1999年6月，内部发行。

〔16〕薛国荣主编：《驼峰航线上的祥云》，云南民族出版社，2006年10月第1版。

〔17〕薛国荣：《祥云修建滇缅公路记事》，载大理日报，2012年9月1日。

〔18〕大理白族自治州文化局编:《故事大系白族民间故事选》,上海文艺出版社,1984年1月第1版,第139页。

〔19〕大理白族自治州文化局编:《大理州文物保护单位大全》,云南民族出版社,2006年10月,第365页至第367页。

〔20〕王子荣主编:《大理文化之旅300问》,云南民族出版社,2006年6月,第162页。

〔21〕薛琳主编:《新编大理风物志》,云南人民出版社,1999年4月第1版,第64页。

〔22〕李光荣编:《大理风景名胜传说诗联选编》,云南民族出版社,2004年11月,第421页至第424页。

〔23〕中国文物学会专家委员会编:《中国文物大辞典》(下册),中央编译出版社,2008年5月第1版,第1038页。

〔24〕云南省社会科学院历史研究所编:《中国西南文化研究》,云南民族出版社,1996年9月第1版,第53页。

〔25〕邱宣充主编:《水目山志》,云南科技出版社,2003年4月第1版。

〔26〕国家民委《民族问题五种丛书》编辑委员会,《中国民族问题资料·档案集成》编辑委员会编:《中国民族问题资料·档案集成》第5辑,《中国少数民族社会历史调查资料丛刊》第83卷,《民族问题五种丛书及其档案汇编》,中央民族大学出版社,2005年12月,第587页。

〔27〕《祥云白族》2010·3(总第5期)。

〔28〕光绪元年,谢秀山进士咏豆沙关五言古诗。

〔29〕《红药山房诗草》,载《关于〈唐袁滋题名摩崖〉》,云南省昭通地区文化馆印。

〔30〕《土官底簿云南土官》,载方国瑜:《云南史料丛刊》卷五,云南大学出版社,1998年5月第1版,第382页。

〔31〕云南省编辑组,《中国少数民族社会历史调查资料丛刊》修订编辑委员会编:《云南彝族社会历史调查》,民族出版社,2009年6月。

〔32〕《天启滇志·羁縻志》,载方国瑜主编:《云南史料丛刊》卷七,云南大学出版社,2001年5月,第48页。

〔33〕乾隆《云南县志》,《大理丛书·方志篇》卷四,第346页。

〔34〕《李元阳集》诗词卷,云南大学出版社,2008年12月,第17页。

〔35〕赵寅松主编:《情系大理·历代白族作家丛书》综合卷,民族出版社,2006年4月,第79页。

〔36〕《四库禁毁书丛刊》编纂委员会编:《四库禁毁书丛刊集部174》,北京出版社,2000年1月,第216页。

〔37〕杨亮才主编:《茶马古道诗文选》,云南出版集团、云南人民出版社,2012年6月。

〔38〕刘广生编选:《中国古代邮亭诗钞》,1991年。同见《情系大理·历代白族作家丛书》。

〔39〕郭影秋著:《郭影秋诗选》,1983年。同见《郭影秋纪念文集》,南京大学出版社,2002年4月第1版,第82页。

〔40〕徐迟著:《美丽,神奇,丰富》,作家出版社,1957年4月第1版,第34页至第35页。

〔41〕蓝棣之、李复威:《当代诗醇——获奖诗集名篇选萃》,北京师范大学出版社,1989年3月第1版,第28页至第29页。

〔42〕中国人民政治协商会议缙云县文史工作委员会编:《缙云文征续编》,1991年3月第1版,第213页。

由中国民间文艺家协会组织编写，知识产权出版社出版发行的中国民间文化遗产抢救工程——《中国历史文化名城·名镇·名村丛书》启动后，大理白族自治州白族文化研究所负责组织编撰大理白族自治州12卷。承蒙大理白族自治州白族文化研究所的信任和支持，安排我负责编撰中国历史文化名村祥云县云南驿卷。

云南驿历史悠久，文化底蕴深厚，特别是马帮文化、抗战文化、红色文化、佛教文化、边屯文化在云南、大理更是独具特色。但由于交通工具的改变，政治、军事重要地位的变迁，云南驿文物古迹损毁严重，现存的资料不多，要想写好绝非易事。在大理白族自治州白族文化研究所的支持下，我多次深入云南驿进行实地调查。调查期间，祥云县王正林县长专门安排相关部门予以支持配合。祥云县文化局、党史办、文产办、文联、文管所，云南驿镇党委、政府、云南驿村党政领导、文化站负责同志也给予了大力支持。没有方方面面的帮助，就没有《中国名村·云南云南驿》的面世，在此一并致谢！

需要说明的是，在编撰过程中，我还引用了前辈提供的有价值的资料，在此致以衷心的感谢！

还需要说明的是，这本装帧精美、图文并茂的云南驿卷能够顺利完成，还要感谢丛书顾问杨亮才前辈和恩师赵寅松研究员呕心沥血的修改，田怀清研究员的精心指导，杨伟林同志的照片，知识产权出版社王润贵副总编辑，责任编辑孙昕同志的支持。尽管从主观愿望上，我努力想编撰出一本让祥云人看了更加热爱自己的家乡，外地人看了更加向往祥云这片热土的书，为介绍和宣传家乡尽点绵薄之力，但由于笔者水平所限，这一良好的愿望未必能够实现，相反缺点错漏在所难免，请有识者赐教，是为谢！

编者

2013年11月

图书在版编目（CIP）数据

中国名村·云南云南驿 / 潘鲁生，邱运华总主编 . —北京：知识产权出版社，2017.3
（中国历史文化名城·名镇·名村丛书）
ISBN 978-7-5130-4809-5

Ⅰ . ①中… Ⅱ . ①潘… ②邱… Ⅲ . ①乡村—概况—祥云县 Ⅳ . ① K928.5

中国版本图书馆 CIP 数据核字（2017）第 052428 号

责任编辑：孙　昕　　　　　　　　　责任校对：王　岩

文字编辑：孙　昕　　　　　　　　　责任出版：卢运霞

中国历史文化名城·名镇·名村丛书

中国名村·云南云南驿

中国民间文艺家协会　组织编写

总 主 编　潘鲁生　邱运华

撰 稿 人　杨建伟

出版发行：**知识产权出版社** 有限责任公司	网　　址：http://www.ipph.cn
社　　址：北京市海淀区西外太平庄 55 号	邮　　编：100081
责编电话：010-82000860 转 8111	责编邮箱：sunxinmlxq@126.com
发行电话：010-82000860 转 8101/8102	发行传真：010-82000893/82005070/82000270
印　　刷：天津市银博印刷集团有限公司	经　　销：各大网上书店、新华书店及相关专业书店
开　　本：720mm×1000mm　　1/16	印　　张：14.5
版　　次：2017 年 3 月第 1 版	印　　次：2017 年 3 月第 1 次印刷
字　　数：201 千字	定　　价：80.00 元

ISBN 978-7-5130-4809-5